大方廣佛華嚴經 讀誦

43

🏵 일러두기

1. 『독송본 한문·한글역 대방광불화엄경』은 실차난타가 한역(695~699)한 80권 『대방광불화엄경』의 한문 원문과 한글역을 함께 수록한 것이다. 한문에는 음사와 현토를 부기하였다.

2. 원문의 저본은 고종 2년(1865) 월정사에서 인경한 고려대장경 『대방광불화엄경』에 한암 스님이 현토(1949년)한 것을 범룡 스님이 영인 출판(1990년)한 『대방광불화엄경』이다.

3. 한문은 저본에서 누락되었거나 글자가 다르다고 판단된 부분은 저본인 고려대장경 각권의 말미에 교감되어 있는 내용을 중심으로 하고 봉은사판 『대방광불화엄경수소연의초』와 신수대장경 각주에서 밝힌 교감본을 참조하여 보입하고 수정하였다.

4. 한글 번역은 동국역경원에서 발간한 한글 『대방광불화엄경』(운허)을 중심으로 하고 『신화엄경합론』(탄허)과 『대방광불화엄경 강설』(여천무비) 그리고 최근의 여타 번역본 등을 참조하였다.

5. 저본의 원문에서 이체자의 경우 흔글이 제공하는 이체자는 그대로 살리고 흔글이 제공하지 않는 글자는 통용되는 정자로 바꾸었다. 예) 間 → 閒 / 焰 → 燄 / 宫 → 宮 / 偁 → 稱

6. 한글 번역은 독송과 사경을 위하여 정확성과 아울러 가독성을 고려하였다. 극존칭은 부처님과 불경계에 대해서만 사용하였다.

7. 독송본의 차례는 일러두기 → 본문 → 화엄경 목차 → 간행사의 순차이다.
   (법공양판에는 간행사 다음에 간행불사 동참자를 밝혀 두었다.)

8. 독송본의 한글역은 사경의 편의를 도모하기 위해 그 편집을 달리하여 『사경본 한글역 대방광불화엄경』으로 함께 간행한다. 독송본과 사경본 모두 80권 『대방광불화엄경』의 권별 목차 순으로 간행한다.

독송본 한문·한글역

대방광불화엄경 제43권
大方廣佛華嚴經 卷第四十三

27. 십정품 [4]
十定品 第二十七之四

실차난타 한역
수미해주 한글역

大方廣佛華嚴經第四十三卷變相 周

대방광불화엄경 제43권 변상도

대방광불화엄경
제43권

27. 십정품 [4]

대방광불화엄경 권제사십삼
大方廣佛華嚴經 卷第四十三

십정품 제이십칠지사
十定品 第二十七之四

불자　운하위보살마하살　무애륜삼매
佛子야 **云何爲菩薩摩訶薩**의 **無礙輪三昧**오

불자　보살마하살　입차삼매시　주무애신
佛子야 **菩薩摩訶薩**이 **入此三昧時**에 **住無礙身**

업　무애어업　무애의업
業과 **無礙語業**과 **無礙意業**하나라

주무애불국토　　득무애성취중생지　　획
住無礙佛國土하며 **得無礙成就衆生智**하며 **獲**

대방광불화엄경 제43권

27. 십정품 [4]

"불자들이여, 무엇을 보살마하살의 걸림 없는 바퀴 삼매라 하는가?

불자들이여, 보살마하살이 이 삼매에 들 때에 걸림 없는 몸의 업과, 걸림 없는 말의 업과, 걸림 없는 뜻의 업에 머무른다.

걸림 없는 부처님 국토에 머무르며, 걸림 없

무애조복중생지
無礙調伏衆生智하니라

방무애광명 　　　 현무애광명망 　　　 시무애광
放無礙光明하며 　 現無礙光明網하며 　 示無礙廣

대변화 　　　　 전무애청정법륜 　　　 득보살무애
大變化하며 　 轉無礙淸淨法輪하며 　 得菩薩無礙

자재
自在하니라

보입제불력 　　　 보주제불지 　　　 작불소작
普入諸佛力하며 　 普住諸佛智하며 　 作佛所作하며

정불소정 　　　 현불신통 　　　 영불환희 　　　 행여
淨佛所淨하며 　 現佛神通하며 　 令佛歡喜하며 　 行如

래행 　　　 주여래도 　　　 상득친근무량제불
來行하며 　 住如來道하며 　 常得親近無量諸佛하며

작제불사 　　　 소제불종
作諸佛事하며 　 紹諸佛種이니라

는 중생을 성취하는 지혜를 얻으며, 걸림 없는 중생을 조복하는 지혜를 얻는다.

걸림 없는 광명을 놓으며, 걸림 없는 광명 그물을 나타내며, 걸림 없는 광대한 변화를 보이며, 걸림 없는 청정한 법륜을 굴리며, 보살의 걸림 없는 자재함을 얻는다.

모든 부처님의 힘에 널리 들어가며, 모든 부처님의 지혜에 널리 머무르며, 부처님의 지으신 바를 지으며, 부처님의 청정하신 바를 청정하게 하며, 부처님의 신통을 나타내며, 부처님을 환희하시게 하며, 여래의 행을 행하며, 여래의 도에 머무르며, 항상 한량없는 모든 부처

불자 보살마하살 주차삼매이 관일체
佛子야 菩薩摩訶薩이 住此三昧已에 觀一切

지
智하나니라

총관일체지 별관일체지 수순일체지
摠觀一切智하고 別觀一切智하며 隨順一切智호대

현시일체지 반연일체지 견일체지
顯示一切智하고 攀緣一切智하며 見一切智호대

총견일체지 별견일체지
摠見一切智하고 別見一切智하나니라

어보현보살 광대원 광대심 광대행 광
於普賢菩薩의 廣大願과 廣大心과 廣大行과 廣

대소취 광대소입 광대광명 광대출현
大所趣와 廣大所入과 廣大光明과 廣大出現과

님을 친근하여 모든 부처님의 일을 지으며, 모든 부처님의 종성을 잇는다.

불자들이여, 보살마하살이 이 삼매에 머무르고는 일체지를 관찰한다.

일체지를 함께 관찰하며, 일체지를 따로 관찰하며, 일체지를 수순하며, 일체지를 나타내 보이며, 일체지를 반연하며, 일체지를 보되 일체지를 함께 보며, 일체지를 따로 본다.

보현 보살의 광대한 서원과 광대한 마음과 광대한 행과 광대하게 나아간 바와 광대하게

광대호념 　 광대변화 　 광대도 　 부단불퇴
廣大護念과 廣大變化와 廣大道에 不斷不退하며

무휴무체 　 무권무사 　 무산무란 　 상증
無休無替하며 無倦無捨하며 無散無亂하야 常增

진항상속
進恒相續하나니라

하이고
何以故오

차보살마하살 　 어제법중 　 성취대원 　 발
此菩薩摩訶薩이 於諸法中에 成就大願하고 發

행대승 　 입어불법대방편해 　 이승원력
行大乘하야 入於佛法大方便海하며 以勝願力으로

어제보살소행지행 　 지혜명조 　 개득선
於諸菩薩所行之行에 智慧明照하야 皆得善

교 　 구족보살신통변화 　 선능호념일체
巧하며 具足菩薩神通變化하야 善能護念一切

들어간 바와 광대한 광명과 광대하게 출현함과 광대하게 호념함과 광대한 변화와 광대한 도를 끊지 않고, 물러나지 않고, 쉬지 않고, 바꾸지 않고, 게으르지 않고, 버리지 않고, 흩어지지 않고, 어지럽지 않고, 항상 나아가고, 항상 계속한다.

무슨 까닭인가?

이 보살마하살이 모든 법에서 큰 서원을 성취하고 대승을 행하여 부처님 법의 큰 방편바다에 들어가며, 수승한 원력으로 모든 보살들이 행하는 행을 지혜로 밝게 비추어 모두 교묘함을 얻으며, 보살의 신통 변화를 갖추어 일

중생   여거래금일체제불지소호념   어
衆生하며 如去來今一切諸佛之所護念하야 於

제중생   항기대비   성취여래불변이법
諸衆生에 恒起大悲하야 成就如來不變異法이니라

불자   비여유인   이마니보   치색의중   기
佛子야 譬如有人이 以摩尼寶로 置色衣中에 其

마니보   수동의색   불사자성   보살
摩尼寶가 雖同衣色이나 不捨自性인달하야 菩薩

마하살   역부여시   성취지혜   이위심
摩訶薩도 亦復如是하야 成就智慧로 以爲心

보   관일체지   보개명현   연불사어보
寶하야 觀一切智하야 普皆明現이나 然不捨於菩

살 제 행
薩諸行하나니라

체 중생을 잘 능히 호념하며, 과거와 미래와 현재의 일체 모든 부처님의 호념하시는 바와 같이 모든 중생들에게 항상 대비를 일으켜서 여래의 변하지 않는 법을 성취한다.

불자들이여, 비유하면 어떤 사람이 마니보배를 색이 있는 옷 속에 두면 그 마니보배가 비록 옷 색과 같아지나 자성을 버리지 아니하듯이, 보살마하살도 또한 다시 이와 같아서, 지혜를 성취하여 마음의 보배로 삼고 일체 지혜를 관찰하면 널리 다 분명하게 나타나지만, 그러나 보살의 모든 행을 버리지 아니한다.

하이고
何以故오

보살마하살 　　 발대서원 　　 이익일체중생
菩薩摩訶薩이 **發大誓願**하야 **利益一切衆生**하며

도탈일체중생 　　 승사일체제불 　　 엄정일
度脫一切衆生하며 **承事一切諸佛**하며 **嚴淨一**

체세계 　 안위중생 　 심입법해
切世界하며 **安慰衆生**하며 **深入法海**하나라

위정중생계 　　 현대자재 　　 급시중생 　 보
爲淨衆生界하야 **現大自在**하며 **給施衆生**하며 **普**

조세간 　 입어무변환화법문 　 불퇴부전
照世間하며 **入於無邊幻化法門**하야 **不退不轉**하며

무피무염
無疲無厭이니라

불자 　 비여허공 　 지중세계 　 약성약주
佛子야 **譬如虛空**이 **持衆世界**호대 **若成若住**에

무슨 까닭인가?

보살마하살이 큰 서원을 일으켜 일체 중생을 이익하게 하며, 일체 중생을 제도하여 해탈케 하며, 일체 모든 부처님을 받들어 섬기며, 일체 세계를 깨끗이 장엄하며, 중생들을 편안하게 하고 위로하여 법바다에 깊이 들게 한다.

중생 세계를 깨끗이 하려고 크게 자재함을 나타내어 중생들에게 베풀어 주며, 세간을 널리 비추어 가없는 환화의 법문에 들어가되 물러나지 않고 변하지 않으며 피로해함도 없고 싫어함도 없다.

불자들이여, 비유하면 허공이 온갖 세계를

무염무권　　　무리무후　　　무산무괴　　　무변
無厭無倦하며　無嬴無朽하며　無散無壞하며　無變

무이　　　무유차별　　　불사자성　　　하이고
無異하며　無有差別하야　不捨自性하나니　何以故오

허공자성　　　법응이고
虛空自性이　法應爾故인달하니라

보살마하살　　　역부여시　　　입무량대원
菩薩摩訶薩도　亦復如是하야　立無量大願하야

도일체중생　　　심무염권
度一切衆生호대　心無厭倦이니라

불자　　　비여열반　　　거래현재무량중생　　　어
佛子야　譬如涅槃이　去來現在無量衆生이　於

중멸도　　　종무염권　　　하이고　　　일체
中滅度호대　終無厭倦하나니　何以故오　一切

제법　　　본성청정　　　시위열반　　　운하어중
諸法의　本性淸淨이　是謂涅槃이어니　云何於中에

유지하되 혹 이루어지거나 혹 머무르거나 싫어하지도 않고 게으르지도 않으며, 병들지도 않고 쇠하지도 않으며, 흩어지지도 않고 무너지지도 않으며, 변하지도 않고 달라지지도 않으며, 차별도 없어서 자성을 버리지 않는 것과 같다. 왜냐하면 허공의 자성이 법이 으레 그러한 까닭이다.

보살마하살도 또한 다시 이와 같아서, 한량없는 큰 원을 세우고 일체 중생을 제도하되 마음에 싫어하고 게으름이 없다.

불자들이여, 비유하면 열반이 과거와 미래와 현재에 한량없는 중생들이 그 가운데서 멸도

이유염권
而有厭倦인달하니라

보살마하살   역부여시   위욕도탈일체중
菩薩摩訶薩도 亦復如是하야 爲欲度脫一切衆

생   개령출리   이현어세   운하이기피
生하야 皆令出離하야 而現於世어니 云何而起疲

염지심
厭之心이리오

불자   여살바야   능령과거미래현재일체
佛子야 如薩婆若가 能令過去未來現在一切

보살   어제불가   이현당생   내지영성무
菩薩로 於諸佛家에 已現當生하며 乃至令成無

상보리   종불피염   하이고   일체지
上菩提호대 終不疲厭하나니 何以故오 一切智가

여법계무이고   어일체법   무소착고
與法界無二故며 於一切法에 無所著故인달하니라

하되 마침내 싫어하고 게으름이 없는 것과 같다. 왜냐하면 일체 모든 법의 본성이 청정함을 열반이라 하니, 어찌 그 가운데 싫어하고 게으름이 있겠는가?

보살마하살도 또한 다시 이와 같아서, 일체 중생을 제도하고 해탈시켜 모두 벗어나게 하려고 세상에 출현하였는데 어찌 피로해하거나 싫어하는 마음을 내겠는가?

불자들이여, 마치 살바야가 능히 과거와 미래와 현재의 일체 보살로 하여금 모든 부처님 가문에 이미 태어났고 지금 태어나고 장차 태어나게 하며, 내지 위없는 보리를 이루게 하되

보살마하살　　역부여시　　기심평등　　주
菩薩摩訶薩도 亦復如是하야 其心平等하야 住

일체지　　운하이유피염지심
一切智어니 云何而有疲厭之心이리오

불자　　차보살마하살　　유일연화　　기화광
佛子야 此菩薩摩訶薩이 有一蓮華호대 其華廣

대　　진시방제　　이불가설엽　　불가설보
大가 盡十方際하야 以不可說葉과 不可說寶와

불가설향　　이위장엄　　기불가설보　　부
不可說香으로 而爲莊嚴하고 其不可說寶가 復

각시현종종중보　　청정묘호　　극선안
各示現種種衆寶하야 淸淨妙好하야 極善安

주
住하나라

마침내 피로해하거나 싫어함이 없는 것과 같다. 왜냐하면 일체지가 법계와 더불어 둘이 아닌 까닭이며, 일체 법에 집착하는 바가 없는 까닭이다.

보살마하살도 또한 다시 이와 같아서, 그 마음이 평등하여 일체지에 머무르니, 어찌 피로해하거나 싫어하는 마음이 있겠는가?

불자들이여, 이 보살마하살에게 한 연꽃이 있으니 그 꽃이 넓고 커서 시방의 끝까지 이르렀다. 말할 수 없는 잎과 말할 수 없는 보배와 말할 수 없는 향으로 장엄하고, 그 말할 수 없

기화   상방중색광명   보조시방일체세
其華가 **常放衆色光明**하야 **普照十方一切世**

계   무소장애   진금위망   미부기상
界하야 **無所障礙**하며 **眞金爲網**하야 **彌覆其上**하고

보탁서요   출미묘음   기음   연창일체
寶鐸徐搖하야 **出微妙音**호대 **其音**이 **演暢一切**

지법
智法하니라

차대연화   구족여래청정장엄   일체선근
此大蓮華가 **具足如來淸淨莊嚴**하니 **一切善根**

지소생기   길상위표   신력소현
之所生起며 **吉祥爲表**하니 **神力所現**이니라

유십천아승지청정공덕   보살묘도지소성
有十千阿僧祇淸淨功德하니 **菩薩妙道之所成**

취   일체지심지소유출   시방불영   어중
就며 **一切智心之所流出**이며 **十方佛影**이 **於中**

는 보배가 다시 각각 갖가지 온갖 보배를 나타내어 청정하고 미묘하고 좋아서 지극히 잘 편안하게 머물러 있다.

그 꽃은 항상 온갖 빛의 광명을 놓아 시방 일체 세계를 널리 비추되 걸리는 바가 없으며, 진금으로 그물이 되어 그 위를 두루 덮고, 보배 풍경은 천천히 흔들려 미묘한 음성을 내는데 그 음성이 일체지의 법을 연설한다.

이 큰 연꽃은 여래의 청정한 장엄을 구족하였으니 일체 선근으로 생긴 것이며, 길상한 것으로 표시하고 위신력으로 나타난 것이다.

십천 아승지 청정한 공덕이 있으니 보살의

현현　　세간첨앙　　유여불탑　　중생견자
顯現하야 世間瞻仰을 猶如佛塔하고 衆生見者가

무불예경　　종능료환정법소생　　일체세
無不禮敬하니 從能了幻正法所生이라 一切世

간　불가위유
間이 不可爲諭러라

보살마하살　　어차화상　　결가부좌　　기신
菩薩摩訶薩이 於此華上에 結跏趺坐하니 其身

대소　　여화상칭　　일체제불신력소가　　영
大小가 與華相稱하야 一切諸佛神力所加로 令

보살신일일모공　　각출백만억나유타불가
菩薩身一一毛孔에 各出百萬億那由他不可

설불찰미진수광명　　일일광명　　현백만억
說佛刹微塵數光明하며 一一光明에 現百萬億

미묘한 도로 성취된 것이고, 일체지의 마음에서 흘러나온 것이며, 시방 부처님의 영상이 그 가운데 나타나서 세간에서 우러러보기를 마치 부처님 탑과 같이 하여 중생들이 보는 자마다 예경하지 않음이 없으니, 능히 환인 줄 아는 바른 법에서 나온 것이며, 일체 세간으로는 비유할 수가 없다.

보살마하살이 이 연꽃 위에 결가부좌하니 그 몸의 크기가 연꽃과 서로 알맞으며, 일체 모든 부처님의 위신력으로 가피한 바로서 보살 몸의 낱낱 모공마다 각각 백만억 나유타

나유타불가설불찰미진수마니보
那由他不可說佛刹微塵數摩尼寶하니라

기보   개명보광명장   종종색상   이위
其寶가 皆名普光明藏이라 種種色相으로 以爲

장엄   무량공덕지소성취   중보급화   이
莊嚴하니 無量功德之所成就며 衆寶及華로 以

위라망   미부기상   산백천억나유타수
爲羅網하야 彌覆其上하고 散百千億那由他殊

승묘향   무량색상   종종장엄   부현부
勝妙香하야 無量色相으로 種種莊嚴하며 復現不

사의보장엄개   이부기상
思議寶莊嚴蓋하야 以覆其上하니라

일일마니보   실현백만억나유타불가설불
一一摩尼寶에 悉現百萬億那由他不可說佛

찰미진수누각   일일누각   현백만억나
刹微塵數樓閣하며 一一樓閣에 現百萬億那

말할 수 없는 부처님 세계 미진수의 광명을 내며, 낱낱 광명에서 백만억 나유타 말할 수 없는 부처님 세계 미진수의 마니보배를 나타내게 하였다.

그 보배가 모두 이름은 보광명장이고, 갖가지 색상으로 장엄하였으니 한량없는 공덕으로 성취된 바이며, 온갖 보배와 꽃으로 그물이 되어 그 위를 두루 덮었고, 백천억 나유타 수승하고 미묘한 향을 흩었으니 한량없는 색상으로 갖가지 장엄을 하였고, 다시 부사의한 보배로 장엄된 일산으로 그 위를 덮었다.

낱낱 마니보배에서는 모두 백만억 나유타 말

유타불가설불찰미진수연화장사자지좌
由他不可說佛刹微塵數蓮華藏師子之座하며

일일사자좌　현백만억나유타불가설불찰
一一師子座에 現百萬億那由他不可說佛刹

미진수광명
微塵數光明하니라

일일광명　현백만억나유타불가설불찰미
一一光明에 現百萬億那由他不可說佛刹微

진수색상　일일색상　현백만억나유타불
塵數色相하며 一一色相에 現百萬億那由他不

가설불찰미진수광명륜　일일광명륜　현
可說佛刹微塵數光明輪하며 一一光明輪에 現

백만억나유타불가설불찰미진수비로자나
百萬億那由他不可說佛刹微塵數毗盧遮那

마니보화
摩尼寶華하니라

할 수 없는 부처님 세계 미진수의 누각을 나타내고, 낱낱 누각에서는 백만억 나유타 말할 수 없는 부처님 세계 미진수의 연화장 사자좌를 나타내고, 낱낱 사자좌에서는 백만억 나유타 말할 수 없는 부처님 세계 미진수의 광명을 나타내었다.

낱낱 광명에서는 백만억 나유타 말할 수 없는 부처님 세계 미진수의 색상을 나타내고, 낱낱 색상에서는 백만억 나유타 말할 수 없는 부처님 세계 미진수의 광명바퀴를 나타내고, 낱낱 광명바퀴에서는 백만억 나유타 말할 수 없는 부처님 세계 미진수의 비로자나 마니보

일일화　　현백만억나유타불가설불찰미진
一一華에 現百萬億那由他不可說佛刹微塵

수대　　　일일대　　현백만억나유타불가설불
數臺하며 一一臺에 現百萬億那由他不可說佛

찰미진수불　　일일불　　현백만억나유타불
刹微塵數佛하며 一一佛에 現百萬億那由他不

가설불찰미진수신변
可說佛刹微塵數神變하나라

일일신변　　정백만억나유타불가설불찰미
一一神變에 淨百萬億那由他不可說佛刹微

진수중생중　　일일중생중중　　현백만억나
塵數衆生衆하며 一一衆生衆中에 現百萬億那

유타불가설불찰미진수제불자재
由他不可說佛刹微塵數諸佛自在하나라

일일자재　　우백만억나유타불가설불찰미
一一自在에 雨百萬億那由他不可說佛刹微

배 꽃을 나타내었다.

낱낱 꽃은 백만억 나유타 말할 수 없는 부처님 세계 미진수의 꽃받침을 나타내고, 낱낱 꽃받침은 백만억 나유타 말할 수 없는 부처님 세계 미진수의 부처님을 나타내고, 낱낱 부처님께서는 백만억 나유타 말할 수 없는 부처님 세계 미진수의 신통 변화를 나타내셨다.

낱낱 신통 변화는 백만억 나유타 말할 수 없는 부처님 세계 미진수의 중생들을 청정하게 하고, 낱낱 중생들 가운데는 백만억 나유타 말할 수 없는 부처님 세계 미진수의 모든 부처님의 자재하심을 나타내었다.

진수불법　　일일불법　　유백만억나유타불
塵數佛法하며 一一佛法에 有百萬億那由他不

가설불찰미진수수다라　　일일수다라　　설
可說佛刹微塵數修多羅하며 一一修多羅에 說

백만억나유타불가설불찰미진수법문
百萬億那由他不可說佛刹微塵數法門하니라

일일법문　　유백만억나유타불가설불찰미
一一法門에 有百萬億那由他不可說佛刹微

진수금강지소입법륜　　차별언사　　각별연
塵數金剛智所入法輪하야 差別言辭로 各別演

설　　일일법륜　　성숙백만억나유타불가설
說하며 一一法輪에 成熟百萬億那由他不可說

불찰미진수중생계　　일일중생계　　유백만
佛刹微塵數衆生界하며 一一衆生界에 有百萬

억나유타불가설불찰미진수중생　　어불법
億那由他不可說佛刹微塵數衆生하야 於佛法

낱낱 자재함으로는 백만억 나유타 말할 수 없는 부처님 세계 미진수의 부처님 법을 비내리고, 낱낱 부처님 법에는 백만억 나유타 말할 수 없는 부처님 세계 미진수의 수다라가 있고, 낱낱 수다라에서는 백만억 나유타 말할 수 없는 부처님 세계 미진수의 법문을 설하였다.

낱낱 법문에는 백만억 나유타 말할 수 없는 부처님 세계 미진수의 금강 지혜로 들어가는 바 법륜이 있어 차별한 말로 각각 다르게 연설하고, 낱낱 법륜으로는 백만억 나유타 말할 수 없는 부처님 세계 미진수의 중생 세계를 성숙하게 하였다. 낱낱 중생 세계에는 백만억 나

중 　 이득조복
中에 而得調伏하니라

불자 　 보살마하살 　 주차삼매 　 시현여시신
佛子야 菩薩摩訶薩이 住此三昧에 示現如是神

통 경계무량변화 　 실지여환 　 이불염
通境界無量變化호대 悉知如幻하야 而不染

착 　 안주무변 　 불가설법 　 자성청정 　 법
著하며 安住無邊한 不可說法과 自性淸淨과 法

계실상 　 여래종성 　 무애제중
界實相과 如來種性의 無礙際中하니라

무거무래 　 비선비후 　 심심무저 　 현량소
無去無來며 非先非後라 甚深無底하니 現量所

유타 말할 수 없는 부처님 세계 미진수의 중생들이 있어 부처님 법 가운데 조복함을 얻었다.

불자들이여, 보살마하살이 이 삼매에 머무름에 이와 같이 신통한 경계와 한량없는 변화를 나타내 보이지만, 모두 환과 같음을 알고 물들어 집착하지 않으며, 가없고 말할 수 없는 법과 자성이 청정함과 법계의 실상과 여래종성의 걸림 없는 경계에 편안히 머무른다.

가는 것도 없고 오는 것도 없으며, 앞도 아니고 뒤도 아니며, 깊고 깊어 바닥이 없다. 현량

득   이지자입   불유타오   심불미란
得_{일새} 以智自入_{이요} 不由他悟_며 心不迷亂_{하고}

역무분별
亦無分別_{하나라}

위거래금일체제불지소칭찬   종제불력지
爲去來今一切諸佛之所稱讚_{이며} 從諸佛力之

소유출   입어일체제불경계   체성여실
所流出_{이라} 入於一切諸佛境界_{하야} 體性如實_{하며}

정안현증   혜안보견   성취불안   위세
淨眼現證_{하고} 慧眼普見_{하야} 成就佛眼_{하야} 爲世

명등   행어지안   소지경계   광능개시
明燈_{하며} 行於智眼_의 所知境界_{하야} 廣能開示

미묘법문
微妙法門_{하나라}

으로 얻은 바이며, 지혜로 스스로 들어가고 다른 이를 말미암아 깨달은 것이 아니며, 마음이 미혹하여 어지럽지도 않고 또한 분별도 없다.

과거와 미래와 현재 일체 모든 부처님의 칭찬하시는 바이니 모든 부처님의 힘으로부터 흘러나온 것이며, 일체 모든 부처님 경계에 들어가니 체성이 실상과 같으며, 청정한 눈으로 밝게 증득하며, 지혜 눈으로 널리 보며, 부처님 눈을 성취하며, 세상의 밝은 등불이 되며, 지혜의 눈으로 아는 바 경계에 나아가 미묘한 법문을 널리 능히 열어 보인다.

성보리심　　취승장부　　어제경계　　무유
成菩提心하고 **趣勝丈夫**하야 **於諸境界**에 **無有**

장애　　입지종성　　출생제지　　이세생
障礙하며 **入智種性**하야 **出生諸智**하며 **離世生**

법　　이현수생　　신통변화　　방편조복
法호대 **而現受生**하며 **神通變化**와 **方便調伏**하는

여시일체　　무비선교
如是一切가 **無非善巧**하니라

공덕해욕　　실개청정　　최극미묘　　구족
功德解欲이 **悉皆清淨**하야 **最極微妙**하야 **具足**

원만　　지혜광대　　유여허공　　선능관찰
圓滿하며 **智慧廣大**가 **猶如虛空**하야 **善能觀察**

중성경계　　신행원력　　견고부동　　공덕
衆聖境界하며 **信行願力**이 **堅固不動**하야 **功德**

보리심을 성취하여 수승한 장부가 되고 모든 경계에 장애가 없으며, 지혜의 종성에 들어가 모든 지혜를 내며, 세간에 태어나는 법을 여의었으나 태어남을 나타내며, 신통과 변화와 방편으로 조복하는, 이와 같은 일체가 선교 아님이 없다.

공덕과 지혜와 욕망이 모두 다 청정하고 가장 지극히 미묘하여 구족하게 원만하였으며, 지혜가 광대함이 마치 허공과 같아서 온갖 성인들의 경계를 잘 능히 관찰한다. 믿는 행과 서원의 힘이 견고하여 흔들리지 않으며, 공덕

무진   세소칭탄
無盡하야 世所稱歎이니라

어일체불소관지장   대보리처   일체지해
於一切佛所觀之藏과 大菩提處와 一切智海에

집중묘보   위대지자   유여연화   자성청
集衆妙寶하야 爲大智者가 猶如蓮華의 自性淸

정   중생견자   개생환희   함득이익
淨하야 衆生見者가 皆生歡喜하야 咸得利益하며

지광보조   견무량불   정일체법
智光普照하야 見無量佛하고 淨一切法하나라

소행적정   어제불법   구경무애   항이
所行寂靜하야 於諸佛法에 究竟無礙하며 恒以

방편   주불보리공덕행중   이득출생
方便으로 住佛菩提功德行中하야 而得出生하야

이 다함없어 세상이 칭찬하는 바이다.

일체 부처님의 관찰하시는 바 법장과 큰 보리의 처소인 일체 지혜바다에서 온갖 미묘한 보배를 모아 큰 지혜 있는 자가 됨이, 마치 연꽃의 자성이 청정함과 같아서 중생들이 보는 자가 모두 환희하고 다 이익을 얻으며, 지혜 광명이 널리 비추어 한량없는 부처님을 친견하고 일체 법을 깨끗하게 한다.

행하는 바가 적정하여 모든 부처님 법에 끝까지 장애가 없으며, 항상 방편으로 부처님의 보리와 공덕의 행에 머물러 출생함을 얻으며,

구보살지　　위보살수　　일체제불　공소
具菩薩智하고 爲菩薩首하며 一切諸佛의 共所

호념　　　득불위신　　　성불법신
護念으로 得佛威神하고 成佛法身하나라

염력난사　　어경일연　　이무소연　　기행
念力難思하야 於境一緣호대 而無所緣하며 其行

광대　　　무상무애　　　등우법계　　무량무
廣大하야 無相無礙하며 等于法界하야 無量無

변　　소증보리　　유여허공　　무유변제
邊하며 所證菩提가 猶如虛空하야 無有邊際하고

무소박착
無所縛著하나라

어제세간　　보작요익　　일체지해선근소
於諸世間에 普作饒益호대 一切智海善根所

보살의 지혜를 갖추고 보살의 상수가 되며, 일체 모든 부처님께서 함께 호념하시는 바로 부처님 위신력을 얻고 부처님 법신을 이룬다.

생각하는 힘이 사의하기 어렵고 경계를 한결같이 반연하되 반연할 것이 없으며, 그 행함이 광대하여 모양도 없고 걸림도 없으며, 법계와 같아서 한량없고 가없으며, 증득한 바 보리는 마치 허공과 같아서 끝닿은 데가 없고 속박도 없다.

모든 세간에서 널리 이익을 지으며, 일체지 바다의 선근에서 흘러나오는 바로서 한량없는

류　실능통달무량경계　이선성취청정시
流로 悉能通達無量境界하야 已善成就淸淨施

법　주보살심　정보살종　능수순생제
法하며 住菩薩心하고 淨菩薩種하야 能隨順生諸

불보리　어제불법　개득선교　구미묘
佛菩提하며 於諸佛法에 皆得善巧하야 具微妙

행　성견고력
行하고 成堅固力하니라

일체제불　자재위신　중생　난문　보
一切諸佛의 自在威神을 衆生이 難聞이어늘 菩

살　실지　입불이문　주무상법　수부
薩이 悉知하며 入不二門하고 住無相法하야 雖復

영사일체제상　이능광설종종제법　수
永捨一切諸相이나 而能廣說種種諸法하며 隨

경계를 다 능히 통달하고 청정하게 보시하는 법을 이미 잘 성취하였다. 보살의 마음에 머물러 보살의 종성을 깨끗하게 하고 능히 모든 부처님의 보리를 따라서 내며, 모든 부처님의 법에 다 교묘함을 얻고 미묘한 행을 갖추어 견고한 힘을 이룬다.

일체 모든 부처님의 자재하신 위신력을 중생들은 듣기 어려우나 보살은 모두 알며, 둘이 아닌 문에 들어가 형상 없는 법에 머무른다. 비록 다시 일체 모든 모양을 길이 버렸으나 능히 갖가지 모든 법을 널리 설하며, 모든 중생

제중생　심락욕해　　실사조복　　함령환
諸衆生의 心樂欲解하야 悉使調伏하야 咸令歡

희
喜하니라

법계위신　　무유분별　　지혜경계　　불가
法界爲身하야 無有分別하며 智慧境界를 不可

궁진　　지상용맹　　심항평등　　견일체
窮盡이며 志常勇猛하고 心恒平等하며 見一切

불　공덕변제　　요일체겁　차별차제
佛의 功德邊際하며 了一切劫의 差別次第하니라

개시일체법　　안주일체찰　　엄정일체제
開示一切法하며 安住一切刹하며 嚴淨一切諸

들의 마음의 욕락과 이해를 따라서 다 조복케 하여 모두 환희하게 한다.

법계가 몸이 되어 분별이 없으며, 지혜의 경계를 끝까지 다할 수 없으며, 뜻은 항상 용맹하고 마음은 항상 평등하여 일체 부처님 공덕의 끝닿은 데를 보며, 일체 겁의 차별과 차례를 안다.

일체 법을 열어 보이며, 일체 세계에 편안히 머무르며, 일체 모든 부처님의 국토를 깨끗이 장엄하며, 일체 바른 법의 광명을 나타내어 과

불국토　　　현현일체정법광명　　　연거래금
佛國土하며 顯現一切正法光明하며 演去來今

일체불법　　　시제보살소주지처　　　위세명
一切佛法하며 示諸菩薩所住之處하며 爲世明

등　　　생제선근　　　영리세간　　　상생불소
燈하야 生諸善根하며 永離世間하고 常生佛所하니라

득불지혜　　　명료제일　　　일체제불　　개공
得佛智慧하야 明了第一이며 一切諸佛이 皆共

섭수　　　이입미래제불지수　　종제선우
攝受하며 已入未來諸佛之數하며 從諸善友하야

이득출생　　　소유지구　　개무불과　　구대
而得出生하며 所有志求를 皆無不果하며 具大

위덕　　주증상의
威德하야 住增上意하니라

거와 미래와 현재의 일체 부처님 법을 연설하며, 모든 보살들의 머무르는 바 처소를 보이며, 세상의 밝은 등불이 되어 모든 선근을 내며, 세간을 길이 떠나서 항상 부처님 처소에 태어난다.

부처님의 지혜를 얻어 분명하게 앎이 제일이며, 일체 모든 부처님께서 다 함께 거두어 주시어 이미 미래의 모든 부처님 수에 들어갔으며, 모든 선우를 좇아 출생하여 뜻에 구하는 바를 모두 성취하지 못함이 없으며, 큰 위덕을 갖추고 더욱 나아가려는 뜻에 머무른다.

수소청문　　함능선설　　역위개시문법선
隨所聽聞하야　咸能善說하며　亦爲開示聞法善

근　　　주실제륜　　어일체법　　심무장애
根하야　住實際輪하며　於一切法에　心無障礙하며

불사제행　　이제분별
不捨諸行하고　離諸分別하나라

어일체법　　심무동념　　득지혜명　　멸제
於一切法에　心無動念하며　得智慧明하야　滅諸

치암　　실능명조일체불법　　불괴제유
癡闇하며　悉能明照一切佛法하며　不壞諸有하고

이생기중　　요지일체제유경계　　종본이
而生其中하며　了知一切諸有境界가　從本已

래　무유동작　　신어의업　　개실무변
來로　無有動作하야　身語意業이　皆悉無邊하나라

들은 바를 따라서 모두 능히 잘 설하며, 또한 법을 듣는 선근을 열어 보이기 위하여 실제의 법륜에 머무르며, 일체 법에 마음이 장애가 없어 모든 행을 버리지 않고 모든 분별을 여읜다.

일체 법에 마음이 흔들리는 생각이 없으며, 지혜의 광명을 얻어 모든 어리석음의 어두움을 멸하며, 일체 불법을 다 능히 밝게 비추며, 모든 존재를 파괴하지 않고 그 가운데 태어나서 일체 모든 존재의 경계가 본래부터 움직이지 않음을 밝게 알아서 몸과 입과 뜻의 업이 모두 다 끝이 없다.

수수세속　　연설종종무량문자　이항불괴
雖隨世俗하야 演說種種無量文字나 而恒不壞

이문자법　　심입불해　　지일체법　단유
離文字法하며 深入佛海하야 知一切法이 但有

가명　　어제경계　무계무착
假名하야 於諸境界에 無繫無著하니라

요일체법　　공무소유　　소수제행　종법계
了一切法의 空無所有하야 所修諸行이 從法界

생　　유여허공　무상무형　　심입법계
生하며 猶如虛空이 無相無形하야 深入法界하며

수순연설　　어일경문　생일체지
隨順演說하야 於一境門에 生一切智하니라

관십력지　　이지수학　　지위교량　　지살
觀十力地하야 以智修學하고 智爲橋梁하야 至薩

바야　　이지혜안　　견법무애　　선입제
婆若하며 以智慧眼으로 見法無礙하야 善入諸

비록 세속을 따라서 갖가지 한량없는 문자를 연설하지만 항상 문자를 여읜 법을 깨뜨리지 아니하며, 부처님 바다에 깊이 들어가서 일체 법이 단지 거짓이름뿐임을 알아 모든 경계에 얽매임도 없고 집착함도 없다.

일체 법이 공하여 있는 바가 없음을 알아서 닦는 바 모든 행이 법계에서 나온다. 마치 허공이 모양도 없고 형상도 없되 법계에 깊이 들어가듯이, 수순해서 연설하여 한 경계의 문에서 일체 지혜를 낸다.

십력의 지위를 관하여 지혜로 닦고 배우며, 지혜로 다리를 삼아 살바야에 이르며, 지혜

지　　지종종의　　일일법문　실득명료
地하며 知種種義하야 一一法門에 悉得明了하며

소유대원　미불성취
所有大願을 靡不成就니라

불자　　보살마하살　　이차개시일체여래무
佛子야 菩薩摩訶薩이 以此開示一切如來無

차별성　　　차시무애방편지문　　차능출생
差別性하나니 此是無礙方便之門이며 此能出生

보살중회　차법　유시삼매경계　차능용진
菩薩衆會며 此法이 唯是三昧境界며 此能勇進

입살바야　차능개현제삼매문
入薩婆若며 此能開顯諸三昧門이니라

눈으로 법을 보아 걸림이 없어 모든 지위에 잘 들어가며, 갖가지 이치를 알아 낱낱 법문을 모두 밝게 알며, 있는 바 큰 서원을 성취하지 못함이 없다.

불자들이여, 보살마하살이 이것으로 일체 여래의 차별 없는 성품을 열어 보이니 이것이 걸림 없는 방편문이며, 이것이 보살 대중모임을 능히 출생하며, 이 법이 오직 삼매의 경계이며, 이것으로 능히 살바야에 용맹하게 들어가며, 이것으로 능히 모든 삼매문을 열어 나타낸다.

차능무애보입제찰　　차능조복일체중생
此能無礙普入諸刹이며 此能調伏一切衆生이며

차능주어무중생제　　차능개시일체불법
此能住於無衆生際며 此能開示一切佛法이며

차어경계　　개무소득
此於境界에 皆無所得이니라

수일체시　　연설개시　　이항원리망상분별
雖一切時에 演說開示나 而恒遠離妄想分別하며

수지제법　　개무소작　　　이능시현일체작
雖知諸法이 皆無所作이나 而能示現一切作

업　　수지제불　　무유이상　　　이능현시일
業하며 雖知諸佛이 無有二相이나 而能顯示一

체제불
切諸佛하니라

수지무색　　이연설제색　　수지무수　　이
雖知無色이나 而演說諸色하며 雖知無受나 而

이것으로 능히 장애가 없어서 모든 세계에 널리 들어가며, 이것으로 능히 일체 중생을 조복하며, 이것으로 중생들이 없는 경계에 능히 머무르며, 이것으로 일체 불법을 능히 열어 보이며, 이것이 경계에 대하여 모두 얻을 바가 없다.

비록 일체 시기에 연설하여 열어 보이지만 항상 망상 분별을 멀리 여의며, 비록 모든 법이 모두 지을 바가 없음을 알지만 일체 짓는 업을 능히 나타내 보이며, 비록 모든 부처님께서 두 모양 없음을 알지만 일체 모든 부처님을 능히 나타내 보인다.

비록 물질이 없음을 알지만 모든 물질을 연

연설제수　수지무상　이연설제상　수
演說諸受하며　雖知無想이나　而演說諸想하며　雖

지무행　이연설제행　수지무식　이연
知無行이나　而演說諸行하며　雖知無識이나　而演

설제식　항이법륜　개시일체
說諸識하야　恒以法輪으로　開示一切하니라

수지법무생　이상전법륜　수지법무차
雖知法無生이나　而常轉法輪하며　雖知法無差

별　이설제차별문
別이나　而說諸差別門하니라

수지제법　무유생멸　이설일체생멸지
雖知諸法이　無有生滅이나　而說一切生滅之

상　수지제법　무추무세　이설제법추세
相하며　雖知諸法이　無麤無細나　而說諸法麤細

지상
之相하니라

설하며, 비록 느낌이 없음을 알지만 모든 느낌을 연설하며, 비록 생각이 없음을 알지만 모든 생각을 연설하며, 비록 행이 없음을 알지만 모든 행을 연설하며, 비록 의식이 없음을 알지만 모든 의식을 연설하여 항상 법륜으로 일체를 열어 보인다.

비록 법이 생겨남이 없음을 알지만 항상 법륜을 굴리며, 비록 법이 차별이 없음을 알지만 모든 차별한 문을 설한다.

비록 모든 법이 생멸이 없음을 알지만 일체 생멸하는 모양을 설하며, 비록 모든 법이 거침도 없고 미세함도 없음을 알지만 모든 법의 거

수지제법　　무상중하　　이능선설최상지법
雖知諸法이 **無上中下**나 **而能宣說最上之法**하며

수지제법　　불가언설　　　이능연설청정언
雖知諸法이 **不可言說**이나 **而能演說清淨言**

사
辭하니라

수지제법　　무내무외　　이설일체내외제
雖知諸法이 **無內無外**나 **而說一切內外諸**

법　　수지제법　　불가요지　　이설종종지혜
法하며 **雖知諸法**이 **不可了知**나 **而說種種智慧**

관찰
觀察하니라

수지제법　　무유진실　　이설출리진실지
雖知諸法이 **無有眞實**이나 **而說出離眞實之**

도　　수지제법　　필경무진　　이능연설진
道하며 **雖知諸法**이 **畢竟無盡**이나 **而能演說盡**

칠고 미세한 모양을 설한다.

비록 모든 법이 상·중·하가 없음을 알지만 최상의 법을 능히 선설하며, 비록 모든 법이 말할 수 없음을 알지만 청정한 말을 능히 연설한다.

비록 모든 법이 안도 없고 바깥도 없음을 알지만 일체 안과 밖의 모든 법을 설하며, 비록 모든 법이 밝게 알 수 없음을 알지만 갖가지 지혜로 관찰함을 설한다.

비록 모든 법이 진실함이 없음을 알지만 벗어나는 진실한 길을 설하며, 비록 모든 법이 끝까지 다함이 없음을 알지만 능히 모든 유루를 없앨 것을 연설한다.

제유루
諸有漏하나라

수지제법　무위무쟁　연역불무자타차
雖知諸法이　無違無諍이나　然亦不無自他差

별　　수지제법　필경무사　이상존경일체
別하며　雖知諸法이　畢竟無師나　而常尊敬一切

사장
師長하나라

수지제법　불유타오　이상존경제선지식
雖知諸法이　不由他悟나　而常尊敬諸善知識하며

수지법무전　　이전법륜　　수지법무기
雖知法無轉이나　而轉法輪하며　雖知法無起나

이시제인연
而示諸因緣하나라

수지제법　무유전제　이광설과거　수지
雖知諸法이　無有前際나　而廣說過去하며　雖知

비록 모든 법이 어길 것이 없고 다툴 것이 없음을 알지만 그러나 또한 나와 남의 차별이 없지 않으며, 비록 모든 법이 필경에 스승이 없음을 알지만 일체 스승과 어른을 항상 존경한다.

비록 모든 법이 다른 이를 말미암아 깨닫는 것이 아님을 알지만 모든 선지식을 항상 존경하며, 비록 법을 굴릴 것이 없음을 알지만 법륜을 굴리며, 비록 법은 일어남이 없음을 알지만 모든 인연을 보인다.

비록 모든 법은 과거가 없음을 알지만 과거를 널리 설하며, 비록 모든 법은 미래가 없음을 알지만 미래를 널리 설하며, 비록 모든 법

제법　　무유후제　　　이광설미래　　　수지제
諸法이　無有後際나　而廣說未來하며　雖知諸

법　　무유중제　　　이광설현재
法이　無有中際나　而廣說現在하니라

수지제법　　무유작자　　　이설제작업　　　수지
雖知諸法이　無有作者나　而說諸作業하며　雖知

제법　　무유인연　　　이설제집인　　　수지제
諸法이　無有因緣이나　而說諸集因하며　雖知諸

법　　무유등비　　　이설평등불평등도
法이　無有等比나　而說平等不平等道하니라

수지제법　　무유언설　　　이결정설삼세지
雖知諸法이　無有言說이나　而決定說三世之

법　　수지제법　　무유소의　　　이설의선법
法하며　雖知諸法이　無有所依나　而說依善法하야

이득출리　　　수지법무신　　　이광설법신
而得出離하며　雖知法無身이나　而廣說法身하니라

은 현재가 없음을 알지만 현재를 널리 설한다.

비록 모든 법은 짓는 자가 없음을 알지만 모든 업을 지음을 설하며, 비록 모든 법은 인연이 없음을 알지만 모든 원인의 모임을 설하며, 비록 모든 법은 평등하여 견줄 것이 없음을 알지만 평등하고 평등하지 않은 길을 설한다.

비록 모든 법은 말이 없음을 알지만 결정코 삼세의 법을 설하며, 비록 모든 법은 의지할 바 없음을 알지만 선한 법을 의지하여 벗어남을 설하며, 비록 법은 몸이 없음을 알지만 법신을 널리 설한다.

비록 삼세 모든 부처님이 가없음을 알지만

수지삼세제불무변　　이능연설유유일불
雖知三世諸佛無邊이나 而能演說唯有一佛하며

수지법무색　　이현종종색　　수지법무견
雖知法無色이나 而現種種色하며 雖知法無見이나

이광설제견
而廣說諸見하니라

수지법무상　　이설종종상　　수지제법
雖知法無相이나 而說種種相하며 雖知諸法이

무유경계　　이광선설지혜경계　　수지제
無有境界나 而廣宣說智慧境界하며 雖知諸

법　무유차별　　이설행과종종차별
法이 無有差別이나 而說行果種種差別하니라

수지제법　무유출리　　이설청정제출리행
雖知諸法이 無有出離나 而說淸淨諸出離行하며

수지제법　본래상주　　이설일체제유전법
雖知諸法이 本來常住나 而說一切諸流轉法하며

오직 한 부처님만 계신다고 능히 연설하며, 비록 법은 색이 없음을 알지만 갖가지 색을 나타내며, 비록 법에는 소견이 없음을 알지만 모든 소견을 널리 설한다.

비록 법은 모양이 없음을 알지만 갖가지 모양을 설하며, 비록 모든 법에는 경계가 없음을 알지만 지혜의 경계를 널리 선설하며, 비록 모든 법은 차별이 없음을 알지만 수행한 결과가 갖가지로 차별함을 설한다.

비록 모든 법은 벗어날 것이 없음을 알지만 청정한 모든 벗어나는 행을 설하며, 비록 모든 법은 본래 항상 머무름을 알지만 일체 모든

수지제법　무유조명　　이항광설조명지
雖知諸法이 無有照明이나 而恒廣說照明之

법
法이니라

불자　　보살마하살　　입여시대위덕삼매지
佛子야 菩薩摩訶薩이 入如是大威德三昧智

륜　즉능증득일체불법　　즉능취입일체불
輪에 則能證得一切佛法하며 則能趣入一切佛

법　즉능성취　　즉능원만　　즉능적집
法하며 則能成就하며 則能圓滿하며 則能積集하며

즉능청정　　즉능안주　　즉능요달　　여일
則能清淨하며 則能安住하며 則能了達하야 與一

체법자성상응
切法自性相應이니라

흘러 다니는 법을 설하며, 비록 모든 법은 밝게 비출 것이 없음을 알지만 밝게 비추는 법을 항상 널리 설한다.

불자들이여, 보살마하살이 이와 같은 큰 위덕 있는 삼매의 지혜바퀴에 들어감에 곧 능히 일체 부처님 법을 증득하며, 곧 능히 일체 부처님 법에 들어가며, 곧 능히 성취하며, 곧 능히 원만히 하며, 곧 능히 쌓아 모으며, 곧 능히 청정케 하며, 곧 능히 편안히 머무르며, 곧 능히 요달하여 일체 법의 자성과 더불어 서로 응한다.

이차보살마하살 　부작시념 　유약간제보
而此菩薩摩訶薩이 不作是念호대 有若干諸菩

살 　약간보살법 　약간보살구경 　약간환구
薩과 若干菩薩法과 若干菩薩究竟과 若干幻究

경 　약간화구경 　약간신통성취 　약간지성
竟과 若干化究竟과 若干神通成就와 若干智成

취 　약간사유 　약간증입 　약간취향 　약간
就와 若干思惟와 若干證入과 若干趣向과 若干

경계
境界라하나니라

하이고
何以故오

보살삼매 　여시체성 　여시무변 　여시
菩薩三昧가 如是體性이며 如是無邊이며 如是

수승고 　차삼매 　종종경계 　종종위력
殊勝故며 此三昧가 種種境界며 種種威力이며

그러나 이 보살마하살은 약간의 여러 보살들과, 약간의 보살 법과, 약간의 보살의 구경과, 약간의 환술의 구경과, 약간의 변화의 구경과, 약간의 신통을 성취함과, 약간의 지혜를 성취함과, 약간의 사유와, 약간의 증득하여 들어감과, 약간의 나아감과, 약간의 경계가 있다고 생각하지 않는다.

무슨 까닭인가?

보살의 삼매는 이와 같은 체성이며, 이와 같이 가없고, 이와 같이 수승한 까닭이다. 이 삼매는 갖가지 경계이며, 갖가지 위력이며, 갖가지 깊이 들어감이다.

종종심입
種種深入이니라

소위입불가설지문　　입이분별제장엄　　입
所謂入不可說智門하며　入離分別諸莊嚴하며　入

무변수승바라밀
無邊殊勝波羅蜜하니라

입무수선정　　입백천억나유타불가설광대
入無數禪定하며　入百千億那由他不可說廣大

지　　입견무변불승묘장
智하며　入見無邊佛勝妙藏하니라

입어경계불휴식　　입청정신해조도법　　입
入於境界不休息하며　入清淨信解助道法하며　入

제근맹리대신통
諸根猛利大神通하니라

입어경계심무애　　입견일체불평등안　　입
入於境界心無礙하며　入見一切佛平等眼하며　入

이른바 말할 수 없는 지혜의 문에 들어가며, 분별을 여읜 모든 장엄에 들어가며, 가없이 수승한 바라밀에 들어간다.

수없는 선정에 들어가며, 백천억 나유타 말할 수 없이 광대한 지혜에 들어가며, 가없는 부처님을 친견하는 수승하고 미묘한 창고에 들어간다.

경계에 쉬지 않는 데 들어가며, 청정하게 믿고 이해하는 도를 돕는 법에 들어가며, 모든 근이 매우 예리한 큰 신통에 들어간다.

경계에 대하여 마음이 걸림 없는 데 들어가며, 일체 부처님의 평등함을 보는 눈에 들어가

적집보현승지행
積集普賢勝志行하니라

입주나라연묘지신
入住那羅延妙智身하며

입설여래지혜해
入說如來智慧海하며

입기무량종자재신변
入起無量種自在神變하니라

입생일체불무진지문
入生一切佛無盡智門하며

입주일체불현전경
入住一切佛現前境

계
界하며

입정보현보살자재지
入淨普賢菩薩自在智하니라

입개시무비보문지
入開示無比普門智하며

입보지법계일체미세
入普知法界一切微細

경계
境界하며

입보현법계일체미세경계
入普現法界一切微細境界하니라

입일체수승지광명
入一切殊勝智光明하며

입일체자재변제
入一切自在邊際하며

며, 보현의 수승한 뜻과 행을 모으는 데 들어
간다.

나라연의 미묘한 지혜의 몸에 머무르는 데
들어가며, 여래의 지혜바다를 설하는 데 들어
가며, 한량없는 종류의 자재한 신통 변화를
일으키는 데 들어간다.

일체 부처님의 다함없는 지혜의 문을 내는
데 들어가며, 일체 부처님께서 앞에 나타나신
경계에 머무르는 데 들어가며, 보현 보살의 자
재한 지혜를 깨끗이 하는 데 들어간다.

견줄 데 없는 넓은 문의 지혜를 열어 보이는
데 들어가며, 법계의 일체 미세한 경계를 널리

입일체변재법문제
入一切辯才法門際하니라

입변법계지혜신　　입성취일체처변행도
入徧法界智慧身하며 入成就一切處徧行道하며

입선주일체차별삼매　　입지일체제불심
入善住一切差別三昧하며 入知一切諸佛心이니라

아는 데 들어가며, 법계의 일체 미세한 경계를
널리 나타내는 데 들어간다.

　일체 수승한 지혜의 광명에 들어가며, 일체
자재한 끝 경계에 들어가며, 일체 변재의 법문
경계에 들어간다.

　법계에 두루한 지혜의 몸에 들어가며, 일체
처에 두루 다니는 도를 성취하는 데 들어가
며, 일체 차별한 삼매에 잘 머무르는 데 들어
가며, 일체 모든 부처님의 마음을 아는 데 들
어간다.

불자　차보살마하살　주보현행　염념입
佛子야 此菩薩摩訶薩이 住普賢行하야 念念入

백억불가설삼매　연　불견보현보살삼
百億不可說三昧나 然이나 不見普賢菩薩三

매　급불경계장엄전제
昧와 及佛境界莊嚴前際하나니라

하이고
何以故오

지일체법구경무진고　지일체불찰무변
知一切法究竟無盡故며 知一切佛刹無邊

고　지일체중생계부사의고　지전제무시
故며 知一切衆生界不思議故며 知前際無始

고　지미래무궁고
故며 知未來無窮故니라

지현재진허공변법계무변고　지일체제불
知現在盡虛空徧法界無邊故며 知一切諸佛

불자들이여, 이 보살마하살이 보현의 행에 머물러서 생각생각에 백억 말할 수 없는 삼매에 들어가지만, 그러나 보현 보살의 삼매와 부처님의 경계를 장엄한 앞 시절을 보지 못한다.

무슨 까닭인가?

일체 법이 끝까지 다함없음을 아는 까닭이며, 일체 부처님 세계가 가없음을 아는 까닭이며, 일체 중생 세계가 부사의함을 아는 까닭이며, 앞 시절이 시작이 없음을 아는 까닭이며, 미래가 다함없음을 아는 까닭이다.

현재의 온 허공과 온 법계가 가없음을 아는 까닭이며, 일체 모든 부처님 경계가 불가사의

경계불가사의고　지일체보살행무수고
境界不可思議故며 知一切菩薩行無數故며

지일체제불변재소설경계불가설무변고
知一切諸佛辯才所說境界不可說無邊故며

지일체환심소연법무량고
知一切幻心所緣法無量故니라

불자　여여의주　수유소구　일체개득
佛子야 如如意珠가 隨有所求하야 一切皆得일새

구자무진　의개만족　이주세력　종불궤
求者無盡에 意皆滿足호대 而珠勢力은 終不匱

지　　보살마하살　역부여시　입차삼
止인달하야 菩薩摩訶薩도 亦復如是하야 入此三

매　지심여환　출생일체제법경계　주
昧에 知心如幻호대 出生一切諸法境界하야 周

함을 아는 까닭이며, 일체 보살의 행이 수없음을 아는 까닭이며, 일체 모든 부처님의 변재로 설하시는 바 경계가 말할 수 없고 가없음을 아는 까닭이며, 일체 환과 같은 마음으로 반연하는 법이 한량없음을 아는 까닭이다.

불자들이여, 마치 여의주가 구하는 바가 있음을 따라서 일체를 다 얻게 하는데 구하는 자가 다함이 없어도 뜻을 모두 만족케 하지만 여의주의 세력은 마침내 다하지 않듯이, 보살 마하살도 또한 다시 이와 같아서, 이 삼매에 들어감에 마음이 환과 같이 일체 모든 법의

변무진　　　불궤불식
徧無盡하야 不匱不息하나니라

하이고　　보살마하살　　성취보현무애행지
何以故오 菩薩摩訶薩이 成就普賢無礙行智하야

관찰무량광대환경　　유여영상　　　무증감
觀察無量廣大幻境이 猶如影像하야 無增減

고
故니라

불자　　비여범부　　각별생심　　　이생현생
佛子야 譬如凡夫가 各別生心호대 已生現生과

급이당생　　무유변제　　　무단무진　　기심
及以當生에 無有邊際하며 無斷無盡하야 其心

유전　　　상속부절　　불가사의
流轉하야 相續不絶이 不可思議인달하나니라

보살마하살　　역부여시　　입차보환문삼
菩薩摩訶薩도 亦復如是하야 入此普幻門三

경계를 출생하여 두루 다함이 없음을 알지만 다하지도 않고 쉬지도 않는다.

무슨 까닭인가? 보살마하살이 보현의 걸림 없는 행과 지혜를 성취하여 한량없고 광대한 환술의 경계가 마치 영상과 같아서 증감이 없음을 관찰하는 까닭이다.

불자들이여, 비유하면 범부가 각각 다르게 마음을 내는데, 이미 내었고 지금 내고 장차 낼 것이 끝이 없어서 끊어짐이 없고 다함이 없으며, 그 마음이 유전하여 계속하고 끊어지지 않음이 불가사의한 것과 같다.

보살마하살도 또한 다시 이와 같아서, 이 넓

매　무유변제　　불가측량　　　하이고　요
昧에 無有邊際하야 不可測量이니 何以故오 了

달보현보살　　보환문무량법고
達普賢菩薩의 普幻門無量法故니라

불자　비여난타발난타마나사용왕　　급여
佛子야 譬如難陀跋難陀摩那斯龍王과 及餘

대용　　강우지시　　적여거축　　　무유변제
大龍이 降雨之時에 滴如車軸하야 無有邊際라

수여시우　　운종부진　　차시제용　　무작경
雖如是雨나 雲終不盡이니 此是諸龍의 無作境

계
界인달하니라

보살마하살　　역부여시　　주차삼매　　입보
菩薩摩訶薩도 亦復如是하야 住此三昧에 入普

현보살제삼매문　지문　법문　견제불문
賢菩薩諸三昧門과 智門과 法門과 見諸佛門과

은 환문의 삼매에 들어감에 끝이 없어 측량할 수 없다. 왜냐하면 보현 보살의 넓은 환문의 한량없는 법을 밝게 통달한 까닭이다.

불자들이여, 비유하면 난타와 발난타와 마나사 용왕과 그 나머지 큰 용왕들이 비를 내릴 때에 빗방울이 마치 수레바퀴 축처럼 끝이 없음이라, 비록 이와 같이 비내리지만 구름은 마침내 다하지 않으니, 이것은 모든 용왕들의 지음이 없는 경계인 것과 같다.

보살마하살도 또한 다시 이와 같아서, 이 삼매에 머무름에 보현 보살의 모든 삼매문과, 지혜문과, 법문과, 모든 부처님을 친견하는 문

왕제방문   심자재문   가지문   신변문   신
往諸方門과 心自在門과 加持門과 神變門과 神

통문   환화문   제법여환문   불가설불가설
通門과 幻化門과 諸法如幻門과 不可說不可說

제보살충만문
諸菩薩充滿門하나라

친근불가설불가설불찰미진수여래정각문
親近不可說不可說佛刹微塵數如來正覺門하며

입불가설불가설광대환망문   지불가설불
入不可說不可說廣大幻網門하며 知不可說不

가설차별광대불찰문   지불가설불가설유
可說差別廣大佛刹門하며 知不可說不可說有

체성무체성세계문
體性無體性世界門하나라

지불가설불가설중생상문   지불가설불가
知不可說不可說衆生想門하며 知不可說不可

과, 모든 방위에 가는 문과, 마음이 자재한 문과, 가지하는 문과, 신통 변화하는 문과, 신통 문과, 환술로 변화하는 문과, 모든 법이 환과 같은 문과, 말할 수 없이 말할 수 없는 모든 보살들이 가득한 문에 들어간다.

말할 수 없이 말할 수 없는 부처님 세계 미진수 여래의 정각의 문을 친근하며, 말할 수 없이 말할 수 없는 광대한 환술 그물의 문에 들어가며, 말할 수 없이 말할 수 없는 차별하고 광대한 부처님 세계의 문을 알며, 말할 수 없이 말할 수 없는 체성이 있고 체성이 없는 세계의 문을 안다.

설시차별문 　　지불가설불가설세계성괴
說時差別門하며 知不可說不可說世界成壞

문 　　지불가설불가설복주앙주제불찰문
門하며 知不可說不可說覆住仰住諸佛刹門하야

어일념중 　개여실지
於一念中에 皆如實知하나니라

여시입시 　무유변제 　　무유궁진 　　불
如是入時에 無有邊際하며 無有窮盡하며 不

피불염 　　부단불식 　　무퇴무실 　　어
疲不厭하며 不斷不息하며 無退無失하며 於

제법중 　부주비처 　　항정사유 　　불침불
諸法中에 不住非處하며 恒正思惟하야 不沈不

거
擧하나라

말할 수 없이 말할 수 없는 중생들의 생각하는 문을 알며, 말할 수 없이 말할 수 없는 시간의 차별한 문을 알며, 말할 수 없이 말할 수 없는 세계가 이루어지고 무너지는 문을 알며, 말할 수 없이 말할 수 없는 엎어져서 머무르고 잦혀져서 머무르는 모든 부처님 세계의 문을 알아 잠깐 동안에 모두 사실과 같이 안다.

이와 같이 들어갈 때에 끝이 없고 다함이 없으며, 피로해하지도 않고 싫어하지도 않으며, 끊어지지도 않고 쉬지도 않으며, 물러나지도 않고 잃어버리지도 않으며, 모든 법 가운데 잘

구일체지　　　상무퇴사　　　위일체불찰
求一切智_{하야} 常無退捨_{하며} 爲一切佛剎_의

조세명등　　　전불가설불가설법륜　　　이
照世明燈_{하야} 轉不可說不可說法輪_{하며} 以

묘변재　　자문여래　　　무궁진시　　　시성불
妙辯才_로 諮問如來_{호대} 無窮盡時_{하며} 示成佛

도　　　무유변제　　　조복중생　　　항무폐
道_{호대} 無有邊際_{하며} 調伏衆生_{호대} 恒無廢

사　　　상근수습보현행원　　　미증휴식
捨_{하며} 常勤修習普賢行願_{하야} 未曾休息_{하며}

시현무량불가설불가설색상신　　　무유단
示現無量不可說不可說色相身_{하야} 無有斷

절
絶_{이니라}

하이고
何以故_오

못된 곳에 머무르지도 않으며, 항상 바르게 사유하여 가라앉지도 않고 들뜨지도 않는다.

일체지를 구하되 항상 물러서거나 버리지 아니하며, 일체 부처님 세계에서 세상을 비추는 밝은 등불이 되어 말할 수 없이 말할 수 없는 법륜을 굴리며, 미묘한 변재로 여래께 묻되 끝까지 다하는 때가 없으며, 부처님 도를 이룸을 보이되 끝이 없으며, 중생들을 조복하되 언제나 폐하여 버리지 않으며, 항상 부지런히 보현의 행원을 닦아 익혀 일찍이 쉬지 않으며, 한량없고 말할 수 없이 말할 수 없는 색상의 몸을 나타내 보여 단절함이 없다.

비여연화　수소유연　　어이소시　　화기불
譬如然火에 隨所有緣하야 於爾所時에 火起不

식　　　　　보살마하살　　역부여시　　　관찰
息인달하야 菩薩摩訶薩도 亦復如是하야 觀察

중생계법계세계　유여허공　　　무유변
衆生界法界世界가 猶如虛空하야 無有邊

제　　　내지능어일념지경　왕불가설불가
際하며 乃至能於一念之頃에 往不可說不可

설불찰미진수불소　　일일불소　입불가설
說佛剎微塵數佛所하야 一一佛所에 入不可說

불가설일체지종종차별법　　영불가설불
不可說一切智種種差別法하야 令不可說不

가설중생계　출가위도　　근수선근　　구
可說衆生界로 出家爲道하야 勤修善根하야 究

경청정
竟淸淨하니라

무슨 까닭인가?

비유하면 타는 불이 있는 바 연을 따라서 그러한 때에는 불이 일어나 쉬지 아니하듯이, 보살마하살도 또한 다시 이와 같아서, 중생계와 법계와 세계가 마치 허공처럼 끝이 없음을 관찰하며, 내지 능히 잠깐 동안에 말할 수 없이 말할 수 없는 부처님 세계 미진수의 부처님 처소에 가며, 낱낱 부처님 처소에서 말할 수 없이 말할 수 없는 일체 지혜의 갖가지 차별한 법에 들어가서, 말할 수 없이 말할 수 없는 중생계로 하여금 출가하여 도를 위해 선근을 부지런히 닦아서 끝까지 청정케 한다.

영불가설불가설보살 어보현행원 미결
令不可說不可說菩薩이 於普賢行願에 未決

정자 이득결정 안주보현지혜지문
定者로 而得決定하야 安住普賢智慧之門하야

이무량방편 입불가설불가설삼세성주괴
以無量方便으로 入不可說不可說三世成住壞

광대차별겁 어불가설불가설성주괴세간
廣大差別劫하야 於不可說不可說成住壞世閒

차별경계 기어이소대비대원 조복무량
差別境界에 起於爾所大悲大願하야 調伏無量

일체중생 실사무여
一切衆生하야 悉使無餘하나니라

하이고 차보살마하살 위욕도탈일체중
何以故오 此菩薩摩訶薩이 爲欲度脫一切衆

생 수보현행 생보현지 만족보현
生하야 修普賢行하며 生普賢智하며 滿足普賢의

말할 수 없이 말할 수 없는 보살들로 하여

금 보현의 행원에 아직 결정치 못한 자는 결정

케 하여 보현의 지혜의 문에 편안히 머무르게

하며, 한량없는 방편으로 말할 수 없이 말할

수 없는 삼세가 이루어지고 머무르고 무너지

는 광대한 차별한 겁에 들어가며, 말할 수 없

이 말할 수 없는 이루어지고 머무르고 무너지

는 세간의 차별한 경계에서 그러한 바 대비와

대원을 일으켜 한량없는 일체 중생을 조복하

여 모두 남음이 없게 한다.

왜냐하면 이 보살마하살이 일체 중생을 제

도하여 해탈시키려 보현의 행을 닦고, 보현의

소유행원
所有行願이니라

시고   제보살   응어여시종류   여시경
是故로 諸菩薩이 應於如是種類와 如是境

계   여시위덕   여시광대   여시무량   여시
界와 如是威德과 如是廣大와 如是無量과 如是

부사의   여시보조명   여시일체제불현전
不思議와 如是普照明과 如是一切諸佛現前

주   여시일체여래소호념   여시성취왕석
住와 如是一切如來所護念과 如是成就往昔

선근   여시기심무애부동삼매지중   근가
善根과 如是其心無礙不動三昧之中에 勤加

수습   이제열뇌   무유피염   심불퇴
修習하야 離諸熱惱하며 無有疲厭하야 心不退

지혜를 내고, 보현이 가진 행원을 만족케 하는 것이다.

그러므로 모든 보살들이 마땅히 이러한 종류와, 이러한 경계와, 이러한 위덕과, 이러한 광대함과, 이러한 한량없음과, 이러한 부사의함과, 이러한 널리 밝게 비춤과, 이러한 일체 모든 부처님께서 앞에 나타나 머무르심과, 이러한 일체 여래의 호념하시는 바와, 이러한 지난 옛적의 선근을 성취함과, 이러한 그 마음이 걸림 없고 흔들리지 않는 삼매에서 더 부지런히 닦아 익혀 모든 뜨거운 번뇌를 여의며, 피로

전　　입심지락　　용맹무겁　　순삼매경
轉하며 立深志樂하야 勇猛無怯하며 順三昧境

계　　입난사지지
界하야 入難思智地하니라

불의문자　　불착세간　　불취제법　　불기
不依文字하고 不著世間하며 不取諸法하고 不起

분별　　불염착세사　　불분별경계　　어제
分別하며 不染著世事하고 不分別境界하야 於諸

법지　단응안주　　불응칭량
法智에 但應安住하고 不應稱量이니라

소위친근일체지　　오해불보리　　성취법
所謂親近一切智하야 悟解佛菩提하며 成就法

광명　　시여일체중생선근　　어마계중
光明하야 施與一切衆生善根하며 於魔界中에

발출중생　　영기득입불법경계　　영불사
拔出衆生하야 令其得入佛法境界하며 令不捨

해하거나 싫어하지도 않고 마음이 물러나지도 않으며, 깊이 즐거운 뜻을 세우고 용맹하여 겁이 없어서 삼매의 경계를 따라 사의하기 어려운 지혜의 지위에 들어갈 것이다.

문자에 의지하지도 말고, 세간에 집착하지도 말고, 모든 법을 취하지도 말고, 분별을 일으키지도 말고, 세상 일에 물들어 집착하지도 말고, 경계를 분별하지도 말고, 모든 법을 아는 지혜에 단지 마땅히 편안히 머물러야 하고, 마땅히 헤아리지 말아야 한다.

이른바 일체지를 친근하여 부처님의 보리를 깨닫고, 법의 광명을 성취하여 일체 중생에게

대원　　　　근관출도　　　　증광정경　　　　성취제
大願하고　勤觀出道하야　增廣淨境하며　成就諸

도
度하니라

어일체불　　　심생신해　　　　상응관찰일체
於一切佛에　深生信解하며　常應觀察一切

법성　　　　무시잠사　　　　응지자신　　여제법
法性하야　無時暫捨하며　應知自身이　與諸法

성　　　　보개평등　　　　응당명해세간소작
性으로　普皆平等하며　應當明解世間所作하야

시기여법지혜방편　　　　응상정진　　　무유휴
示其如法智慧方便하며　應常精進하야　無有休

식
息하니라

응관자신　　　선근선소　　　　응근증장타제선
應觀自身의　善根鮮少하며　應勤增長他諸善

선근을 베풀어 주며, 마의 경계에서 중생들을 건져 내어 그들로 하여금 부처님 법의 경계에 들어가게 하며, 큰 서원을 버리지 말고 벗어나는 길을 부지런히 관찰하며, 청정한 경계를 더욱 넓혀서 모든 바라밀을 성취케 할 것이다.

일체 부처님께 깊이 신심과 지해를 내고, 항상 마땅히 일체 법의 성품을 관찰하여 잠깐도 버리지 말며, 마땅히 자기의 몸이 모든 법의 성품과 널리 다 평등함을 알며, 마땅히 세간에서 짓는 바 일을 분명히 알고 그 법과 같은 지혜와 방편을 보이며, 마땅히 항상 정진하여 쉬지 말아야 한다.

근 응자수행일체지도 응근증장보살
根하며 應自修行一切智道하며 應勤增長菩薩

경계 응락친근제선지식 응여동행
境界하며 應樂親近諸善知識하며 應與同行으로

이공지주
而共止住하니라

응불분별불 응불사이념 응상안주평
應不分別佛하며 應不捨離念하며 應常安住平

등법계 응지일체심식여환 응지세간
等法界하며 應知一切心識如幻하며 應知世間

제행여몽
諸行如夢하니라

응지제불 원력출현 유여영상 응지일
應知諸佛의 願力出現이 猶如影像하며 應知一

체제광대업 유여변화 응지언어 실개
切諸廣大業이 猶如變化하며 應知言語가 悉皆

마땅히 자신의 선근이 적음을 살피고, 마땅히 다른 이의 모든 선근을 부지런히 늘게 하며, 마땅히 일체 지혜의 도를 스스로 수행하며, 마땅히 보살의 경계를 부지런히 늘게 하며, 마땅히 모든 선지식을 즐겨 친근하며, 마땅히 동행하는 이와 함께 머물러야 한다.

마땅히 부처님을 분별하지 말고, 마땅히 생각 떠남을 버리지 말며, 마땅히 평등한 법계에 항상 편안히 머무르며, 마땅히 일체 마음과 의식이 환과 같음을 알며, 마땅히 세간의 모든 행이 꿈과 같음을 알아야 한다.

마땅히 모든 부처님께서 원력으로 출현하심

여향   응관제법   일체여환   응지일체
如響하며 應觀諸法이 一切如幻하며 應知一切

생멸지법   개여음성
生滅之法이 皆如音聲하나라

응지소왕일체불찰   개무체성   응위청문
應知所往一切佛刹이 皆無體性하며 應爲請問

여래불법   불생피권   응위개오일체세
如來佛法호대 不生疲倦하며 應爲開悟一切世

간   근가교회   이불사리   응위조복일
閒호대 勤加敎誨하야 而不捨離하며 應爲調伏一

체중생   지시설법   이불휴식
切衆生호대 知時說法하야 而不休息이니라

불자   보살마하살   여시수행보현지행
佛子야 菩薩摩訶薩이 如是修行普賢之行하며

이 마치 영상과 같음을 알아야 하며, 마땅히 일체 모든 광대한 업이 마치 변화와 같음을 알아야 하며, 마땅히 언어는 모두 다 메아리와 같음을 알아야 하며, 마땅히 모든 법이 일체가 환과 같음을 관찰해야 하며, 마땅히 일체 생멸하는 법이 다 음성과 같음을 알아야 한다.

마땅히 가는 곳마다 일체 부처님의 세계가 다 체성이 없음을 알아야 하며, 마땅히 여래께 부처님 법을 청하여 묻되 고달품을 내지 말아야 하며, 마땅히 일체 세간을 깨우치기 위하여 부지런히 가르침을 더하고 떠나 버리지 말아야 하며, 마땅히 일체 중생을 조복하되 때를 알

여시원만보살경계　　　여시통달출리지
如是圓滿菩薩境界하며　如是通達出離之

도　　　여시수지삼세불법　　　여시관찰일체
道하며　如是受持三世佛法하며　如是觀察一切

지문
智門하니라

여시사유불변이법　　　여시명결증상지락
如是思惟不變異法하며　如是明潔增上志樂하며

여시신해일체여래　　　여시요지불광대력
如是信解一切如來하며　如是了知佛廣大力하며

여시결정무소애심　　　여시섭수일체중
如是決定無所礙心하며　如是攝受一切衆

생
生이니라

고 법을 설하여 쉬지 말아야 한다.

불자들이여, 보살마하살이 이와 같이 보현의 행을 수행하며, 이와 같이 보살의 경계를 원만케 하며, 이와 같이 벗어나는 길을 통달하며, 이와 같이 삼세 부처님의 법을 받아 지니며, 이와 같이 일체 지혜의 문을 관찰한다.

이와 같이 변하지 않는 법을 사유하며, 이와 같이 더욱더 즐거워하는 생각을 밝고 깨끗이 하며, 이와 같이 일체 여래를 믿고 이해하며, 이와 같이 부처님의 넓고 큰 힘을 분명히 알며, 이와 같이 걸리는 바 없는 마음을 결정하

불자　　보살마하살　　입보현보살소주여시
佛子야 菩薩摩訶薩이 入普賢菩薩所住如是

대지혜삼매시　　시방각유불가설불가설국
大智慧三昧時에 十方各有不可說不可說國

토　　일일국토　　각유불가설불가설불찰미
土어든 一一國土에 各有不可說不可說佛刹微

진수여래명호　　일일명호　　각유불가설불
塵數如來名号하며 一一名号에 各有不可說不

가설불찰미진수제불　　이현기전　　여여래
可說佛刹微塵數諸佛이 而現其前하사 與如來

염력　　영불망실여래경계　　여일체법구
念力하사 令不忘失如來境界하며 與一切法究

경혜　　영입일체지
竟慧하사 令入一切智하니라

여지일체법종종의결정혜　　영수지일체불
與知一切法種種義決定慧하사 令受持一切佛

며, 이와 같이 일체 중생을 거두어 준다.

불자들이여, 보살마하살이 보현 보살이 머무른 이와 같은 큰 지혜삼매에 들어갔을 때에, 시방에 각각 말할 수 없이 말할 수 없는 국토가 있고, 낱낱 국토에 각각 말할 수 없이 말할 수 없는 부처님 세계 미진수의 여래 명호가 있으며, 낱낱 명호에는 각각 말할 수 없이 말할 수 없는 부처님 세계 미진수의 모든 부처님께서 계시는데, 그 앞에 나타나시어 여래의 기억하는 힘을 주셔서 여래의 경계를 잊지 않게

법 　　 취입무애 　　 여무상불보리 　　 영입일
法하야 　 趣入無礙하며 　 與無上佛菩提하사 　 令入一

체지 　　 개오법계
切智하야 　 開悟法界하나라

여보살구경혜 　　 영득일체법광명 　　 무제
與菩薩究竟慧하사 　 令得一切法光明하야 　 無諸

흑암 　　 여보살불퇴지 　　 영지시비시선교
黑闇하며 　 與菩薩不退智하사 　 令知時非時善巧

방편 　　 조복중생
方便하야 　 調伏衆生하나라

여무장애보살변재 　　 영오해무변법 　　 연
與無障礙菩薩辯才하사 　 令悟解無邊法하야 　 演

설무진 　　 여신통변화력 　　 영현불가설불
說無盡하며 　 與神通變化力하사 　 令現不可說不

가설차별신 　 무변색상 　 종종부동 　　 개오
可說差別身의 無邊色相이 種種不同하야 　 開悟

하며, 일체 법에 끝까지 이르는 지혜를 주시어 일체지에 들어가게 하신다.

일체 법과 갖가지 이치를 아는 결정한 지혜를 주시어 일체 불법을 받아지니어 걸림 없는 데 들어가게 하며, 위없는 부처님의 보리를 주시어 일체지에 들어가 법계를 깨닫게 하신다.

보살의 구경의 지혜를 주시어 일체 법의 광명을 얻어 모든 캄캄한 어두움이 없게 하며, 보살의 물러나지 않는 지혜를 주시어 때와 때 아님을 아는 선교방편으로 중생들을 조복하게 하신다.

장애 없는 보살의 변재를 주시어 가없는 법

중생
衆生하니라

여원만언음   영현불가설불가설차별음
與圓滿言音하사 令現不可說不可說差別音

성   종종언사   개오중생   여부당연력
聲의 種種言辭하야 開悟衆生하며 與不唐捐力하사

영일체중생   약득견형   약득문법   개
令一切衆生으로 若得見形이어나 若得聞法에 皆

실성취   무공과자
悉成就하야 無空過者니라

불자   보살마하살   여시만족보현행고   득
佛子야 菩薩摩訶薩이 如是滿足普賢行故로 得

여래력   정출리도   만일체지   이무애
如來力하고 淨出離道하고 滿一切智하야 以無礙

변재   신통변화   구경조복일체중생   구
辯才와 神通變化로 究竟調伏一切衆生하며 具

을 깨닫고 다함없이 연설하게 하며, 신통 변화
하는 힘을 주시어 말할 수 없이 말할 수 없는
차별한 몸의 가없는 모양이 갖가지로 같지 않
음을 나타내어 중생들을 깨닫게 하신다.

원만한 음성을 주시어 말할 수 없이 말할 수
없는 차별한 음성과 갖가지 말을 나타내어 중
생들을 깨닫게 하며, 헛되지 않은 힘을 주시어
일체 중생이 형상을 보거나 법을 들으면 모두
다 성취하고 헛되이 지나는 자가 없게 하신다.

불자들이여, 보살마하살이 이와 같이 보현의
행을 만족한 까닭으로 여래의 힘을 얻고 벗어나
는 길을 깨끗이 하고 일체지를 만족하여 걸림

불위덕　　정보현행　　주보현도　　진미래
佛威德하고 淨普賢行하고 住普賢道하야 盡未來

제　　위욕조복일체중생　　전일체불미묘
際토록 爲欲調伏一切衆生하야 轉一切佛微妙

법륜
法輪하나니라

하이고
何以故오

불자　차보살마하살　성취여시수승대원
佛子야 此菩薩摩訶薩이 成就如是殊勝大願

제보살행　　즉위일체세간법사　　즉위일
諸菩薩行하면 則爲一切世間法師하며 則爲一

체세간법일　　즉위일체세간지월　　즉위일
切世間法日하며 則爲一切世間智月하며 則爲一

체세간수미산왕　　억연고출　　견고부
切世間須彌山王하야 嶷然高出하야 堅固不

56

없는 변재와 신통 변화로 구경에는 일체 중생을 조복하며, 부처님의 위덕을 갖추고 보현의 행을 깨끗이 하고 보현의 도에 머물러서 오는 세상이 다하도록 일체 중생을 조복하려 하기 위하여 일체 부처님의 미묘한 법륜을 굴린다.

무슨 까닭인가?

불자들이여, 이 보살마하살이 이와 같이 수승한 큰 서원과 모든 보살들의 행을 성취하면 곧 일체 세간의 법사가 되며, 곧 일체 세간의 법의 태양이 되며, 곧 일체 세간의 지혜의 달이 되며, 곧 일체 세간의 수미산왕이 되어 우뚝하게 높이 솟아 견고하여 흔들리지 않는다.

동
動하나라

즉위일체세간무애지해　　즉위일체세간정
則爲一切世閒無涯智海하며　**則爲一切世閒正**

법명등　　　보조무변　　　상속부단　　　위일체
法明燈하야　**普照無邊**하야　**相續不斷**하며　**爲一切**

중생　　　개시무변청정공덕　　　개령안주공
衆生하야　**開示無邊淸淨功德**하야　**皆令安住功**

덕선근
德善根하나라

순일체지대원평등　　　수습보현광대지행
順一切智大願平等하야　**修習普賢廣大之行**하며

상능권발무량중생　　　주불가설불가설광대
常能勸發無量衆生하야　**住不可說不可說廣大**

행삼매　　현대자재
行三昧하야　**現大自在**니라

곧 일체 세간의 가없는 지혜바다가 되며, 곧 일체 세간에서 바른 법의 밝은 등불이 되어 가없이 널리 비추어 계속 이어져 끊이지 않으며, 일체 중생을 위하여 가없이 청정한 공덕을 열어 보여 모두 공덕과 선근에 편안히 머무르게 한다.

일체 지혜를 따라 큰 서원이 평등하여 보현의 광대한 행을 닦아 익히며, 항상 능히 한량없는 중생들에게 발심하기를 권하여 말할 수 없이 말할 수 없는 광대한 행의 삼매에 머물러서 큰 자재를 나타낸다.

불자   차보살마하살   획여시지   증여시
佛子야 此菩薩摩訶薩이 獲如是智하며 證如是

법   어여시법   심주명견   득여시신력
法하야 於如是法에 審住明見하며 得如是神力하며

주여시경계   현여시신변   기여시신
住如是境界하며 現如是神變하며 起如是神

통   상안주대비
通하야 常安住大悲하니라

상이익중생   개시중생안은정도   건립
常利益衆生하야 開示衆生安隱正道하며 建立

복지대광명당   증부사의해탈   주일체
福智大光明幢하며 證不思議解脫하며 住一切

지해탈   도제불해탈피안   학부사의해
智解脫하며 到諸佛解脫彼岸하며 學不思議解

탈방편문   이득성취
脫方便門하야 已得成就하니라

불자들이여, 이 보살마하살이 이와 같은 지혜를 얻고 이와 같은 법을 증득하고 이와 같은 법에 자세히 머물러서 분명하게 보며, 이와 같은 위신력을 얻고 이와 같은 경계에 머물러서 이와 같은 신통 변화를 나타내며, 이와 같은 신통을 일으키며, 항상 대비에 편안하게 머무른다.

중생을 항상 이익하게 하며, 중생에게 안온한 바른 길을 열어 보이며, 복과 지혜의 큰 광명 깃대를 세우며, 부사의한 해탈을 증득하며, 일체지의 해탈에 머무르며, 모든 부처님의 해탈의 피안에 이르며, 부사의한 해탈의 방편문을 배워서 이미 성취하였다.

입법계차별문 무유착란 어보현불가
入法界差別門하야 無有錯亂하며 於普賢不可

설불가설삼매 유희자재 주사자분신
說不可說三昧에 遊戱自在하며 住師子奮迅

지 심의무애
智하야 心意無礙하니라

기심 항주십대법장 하자 위십
其心이 恒住十大法藏하나니 何者가 爲十고

소위주억념일체제불 주억념일체불법
所謂住憶念一切諸佛하며 住憶念一切佛法하며

주조복일체중생대비 주시현부사의청정
住調伏一切衆生大悲하며 住示現不思議淸淨

국토지 주심입제불경계결정해
國土智하며 住深入諸佛境界決定解하니라

주거래현재일체불평등상보리 주무애무
住去來現在一切佛平等相菩提하며 住無礙無

법계의 차별한 문에 들어가서 착란이 없으며, 보현의 말할 수 없이 말할 수 없는 삼매에서 유희하고 자재하며, 사자분신지혜에 머물러 마음에 걸림이 없다.

그 마음이 항상 열 가지 큰 법장에 머무르니, 무엇이 열인가?

이른바 일체 모든 부처님을 기억하여 생각함에 머무르며, 일체 부처님 법을 기억하여 생각함에 머무르며, 일체 중생을 조복하는 대비에 머무르며, 부사의한 청정 국토를 나타내 보이는 지혜에 머무르며, 모든 부처님의 경계에 깊이 들어가는 결정한 지혜에 머무른다.

착제　　　주일체법무상성　　　주거래현재일
著際하며 住一切法無相性하며 住去來現在一

체불평등선근
切佛平等善根하니라

주거래현재일체여래법계무차별신어의업
住去來現在一切如來法界無差別身語意業

선도지　　　주관찰삼세일체제불　　수생출
先導智하며 住觀察三世一切諸佛의 受生出

가　　예도량성정각　　　전법륜반열반　　실입
家와 詣道場成正覺과 轉法輪般涅槃이 悉入

찰나제
刹那際니라

불자　　차십대법장　　광대무량　　　불가수
佛子야 此十大法藏이 廣大無量하야 不可數며

불가칭　　　불가사　　불가설　　　무궁진　　난
不可稱이며 不可思며 不可說이며 無窮盡이며 難

과거와 미래와 현재의 일체 부처님의 평등한 모습의 보리에 머무르며, 걸림 없고 집착 없는 경계에 머무르며, 일체 법의 모양 없는 성품에 머무르며, 과거와 미래와 현재의 일체 부처님의 평등한 선근에 머무른다.

과거와 미래와 현재의 일체 여래께서 법계에 차별 없는 몸과 말과 뜻의 업으로 앞에서 인도하시는 지혜에 머무르며, 삼세의 일체 모든 부처님께서 태어나고 출가하고 도량에 나아가 정각을 이루고 법륜을 굴리고 열반에 드심을 관찰하여 모두 찰나의 경계에 들어가는 데 머무른다.

불자들이여, 이 열 가지 큰 법장은 광대하고

인수　일체세지　무능칭술
忍受니 一切世智로 無能稱述이니라

불자　차보살마하살　이도보현제행피안
佛子야 此菩薩摩訶薩이 已到普賢諸行彼岸에

증청정법　지력광대　개시중생무량선
證淸淨法하야 志力廣大하야 開示衆生無量善

근　증장보살일체세력　어염념경　만
根하며 增長菩薩一切勢力하야 於念念頃에 滿

족보살일체공덕　성취보살일체제행
足菩薩一切功德하며 成就菩薩一切諸行하니라

득일체불다라니법　수지일체제불소설
得一切佛陀羅尼法하며 受持一切諸佛所說하며

한량없어서 셀 수 없고, 일컬을 수 없고, 생각

할 수 없고, 설할 수 없으며, 끝까지 다할 수

없고, 참아 받기 어렵다. 일체 세간의 지혜로

는 능히 일컬어 말할 수 없다.

불자들이여, 이 보살마하살은 이미 보현의

모든 행의 피안에 이르렀으며, 청정한 법을 증

득하여 뜻의 힘이 광대하며, 중생의 한량없는

선근을 열어 보이며, 보살의 일체 세력을 증장

하여 생각생각 사이에 보살의 일체 공덕을 만

족하며, 보살의 일체 모든 행을 성취하였다.

수상안주진여실제　이수일체세속언설
雖常安住眞如實際나 而隨一切世俗言說하야

시현조복일체중생
示現調伏一切衆生하나니라

하이고　　보살마하살　　주차삼매　　법여시
何以故오 菩薩摩訶薩이 住此三昧에 法如是

고
故니라

불자　　보살마하살　　이차삼매　　득일체불광
佛子야 菩薩摩訶薩이 以此三昧로 得一切佛廣

대지　　　득교설일체광대법자재변재　　　　득
大智하며 得巧說一切廣大法自在辯才하며　得

일체세중최위수승청정무외법　　　득입일체
一切世中最爲殊勝淸淨無畏法하며 得入一切

일체 부처님의 다라니 법을 얻으며, 일체 모든 부처님의 말씀하신 것을 받아 지니며, 비록 진여의 실제에 항상 편안히 머무르면서도 일체 세속의 말을 따라서 일체 중생을 조복함을 나타내 보인다.

왜냐하면 보살마하살이 이 삼매에 머무르면 법이 이와 같기 때문이다.

불자들이여, 보살마하살이 이 삼매로써 일체 부처님의 광대한 지혜를 얻으며, 일체 광대한 법을 교묘하게 설하는 자재한 변재를 얻으며, 일체 세계 가운데 가장 수승하고 청정하고 두

삼매지　　등일체보살선교방편
三昧智_{하며} 得一切菩薩善巧方便_{하니라}

득일체법광명문　　도안위일체세간법피
得一切法光明門_{하며} 到安慰一切世間法彼

안　　지일체중생시비시　　조시방세계일
岸_{하며} 知一切衆生時非時_{하며} 照十方世界一

체처　　영일체중생득승지　　작일체세간
切處_{하며} 令一切衆生得勝智_{하며} 作一切世間

무상사　　안주일체제공덕　　개시일체중
無上師_{하며} 安住一切諸功德_{하며} 開示一切衆

생청정삼매　　영입최상지
生淸淨三昧_{하야} 令入最上智_{하나니라}

하이고
何以故_오

보살마하살　　여시수행　　즉이익중생
菩薩摩訶薩_이 如是修行_{하면} 則利益衆生_{하며}

려움이 없는 법을 얻으며, 일체 삼매에 들어가는 지혜를 얻으며, 일체 보살의 선교방편을 얻는다.

일체 법의 광명문을 얻으며, 일체 세간을 편안하게 위로하는 법의 피안에 이르며, 일체 중생의 때와 때 아님을 알고 시방세계의 일체 처를 비추어 일체 중생으로 하여금 수승한 지혜를 얻게 하며, 일체 세간의 위없는 스승이 되고 일체 모든 공덕에 편안히 머물러서 일체 중생에게 청정한 삼매를 열어 보여 가장 높은 지혜에 들어가게 한다.

무슨 까닭인가?

즉증장대비　　즉친근선지식　　즉견일체
則增長大悲하며 則親近善知識하며 則見一切

불　　즉요일체법
佛하며 則了一切法하니라

즉예일체찰　　즉입일체방　　즉입일체세
則詣一切刹하며 則入一切方하며 則入一切世하며

즉오일체법평등성　　즉지일체불평등성
則悟一切法平等性하며 則知一切佛平等性하며

즉주일체지평등성
則住一切智平等性하니라

어차법중　　작여시업　　부작여업　　주미
於此法中에 作如是業하고 不作餘業하나니 住未

족심　　주불산란심　　주전일심　　주근수
足心하며 住不散亂心하며 住專一心하며 住勤修

심　　주결정심　　주불변이심　　여시사
心하며 住決定心하며 住不變異心하야 如是思

보살마하살이 이와 같이 수행하면 중생들을 이익케 하고, 대비심을 증장하고, 선지식을 친근하고, 일체 부처님을 친견하고, 일체 법을 안다.

일체 세계에 나아가고, 일체 방위에 들어가고, 일체 세상에 들어가고, 일체 법의 평등한 성품을 깨닫고, 일체 부처님의 평등한 성품을 알고, 일체 지혜의 평등한 성품에 머무른다.

이 법 가운데 이와 같은 업을 짓고 다른 업은 짓지 않는다. 아직 만족하지 않은 마음에 머무르고, 산란하지 않은 마음에 머무르고, 한결같은 마음에 머무르고, 부지런히 닦는 마음에 머무르고, 결정한 마음에 머무르고, 변동하지 않

유　　　여시작업　　여시구경
惟하며 如是作業하며 如是究竟이니라

불자　　보살마하살　　무이어이작　　유여어
佛子야 菩薩摩訶薩이 無異語異作하고 有如語

여작
如作하나니라

하이고
何以故오

비여금강　　이불가괴　　이득기명　　종무유
譬如金剛이 以不可壞로 而得其名이라 終無有

시　　이어불괴　　　　보살마하살　역부여
時에 離於不壞인달하야 菩薩摩訶薩도 亦復如

시　　이제행법　　이득기명　　종무유시
是하야 以諸行法으로 而得其名이라 終無有時에

는 마음에 머물러서, 이와 같이 사유하고 이와 같이 업을 짓고 이와 같이 구경에 이른다.

불자들이여, 보살마하살은 말과 달리 다르게 짓는 일이 없고, 말과 같이 같게 짓는 일만 있다.

무슨 까닭인가?

비유하면 금강은 깨뜨릴 수 없음으로써 그 이름을 얻어서 마침내 어느 때나 깨뜨릴 수 없음을 떠남이 없듯이, 보살마하살도 또한 다시 이와 같아서, 모든 행의 법으로써 그 이름을 얻어서 마침내 모든 행의 법을 떠날 때가 없

이제 행법
離諸行法하니라

비여진금   이유묘색   이득기명   종무
譬如眞金이 以有妙色으로 而得其名이라 終無

유시   이어묘색   보살마하살   역부여
有時에 離於妙色인달하야 菩薩摩訶薩도 亦復如

시   이제선업   이득기명   종무유시
是하야 以諸善業으로 而得其名이라 終無有時에

이제선업
離諸善業하니라

비여일천자   이광명륜   이득기명   종
譬如日天子가 以光明輪으로 而得其名이라 終

무유시   이광명륜   보살마하살   역부
無有時에 離光明輪인달하야 菩薩摩訶薩도 亦復

여시   이지혜광   이득기명   종무유
如是하야 以智慧光으로 而得其名이라 終無有

다.

비유하면 진금은 미묘한 색이 있음으로써 그 이름을 얻어서 마침내 어느 때나 미묘한 색을 떠남이 없듯이, 보살마하살도 또한 다시 이와 같아서, 모든 선업으로써 그 이름을 얻어서 마침내 모든 선업을 떠날 때가 없다.

비유하면 일천자는 광명바퀴로써 그 이름을 얻어서 마침내 어느 때나 광명바퀴를 떠남이 없듯이, 보살마하살도 또한 다시 이와 같아서, 지혜 광명으로써 그 이름을 얻어서 마침내 지혜 광명을 떠날 때가 없다.

비유하면 수미산왕은 네 가지 보배 봉우리

시   이지혜광
時에 離智慧光하나라

비여수미산왕   이사보봉   처어대해
譬如須彌山王이 以四寶峯으로 處於大海하야

형연고출   이득기명   종무유시   사리사
迴然高出로 而得其名이라 終無有時에 捨離四

봉   보살마하살   역부여시   이제선
峯인달하야 菩薩摩訶薩도 亦復如是하야 以諸善

근   처재어세   형연고출   이득기명
根으로 處在於世하야 迴然高出로 而得其名이라

종무유시   사리선근
終無有時에 捨離善根하나라

비여대지   이지일체   이득기명   종무유
譬如大地가 以持一切로 而得其名이라 終無有

시   사리능지   보살마하살   역부여
時에 捨離能持인달하야 菩薩摩訶薩도 亦復如

가 큰 바다 속에서 우뚝 높이 솟음으로써 그 이름을 얻어서 마침내 어느 때나 네 봉우리를 버리고 떠남이 없듯이, 보살마하살도 또한 다시 이와 같아서, 모든 선근으로 세상에 있어서 우뚝 높이 솟음으로써 그 이름을 얻어서 마침내 선근을 버리고 떠날 때가 없다.

비유하면 대지가 일체를 유지함으로써 그 이름을 얻어서 마침내 어느 때나 능히 유지함을 버리고 떠남이 없듯이, 보살마하살도 또한 다시 이와 같아서, 일체를 제도함으로써 그 이름을 얻어서 마침내 대비를 버리고 떠날 때가 없다.

시   이도일체   이득기명   종무유시
是하야 以度一切로 而得其名이라 終無有時에

사 리 대 비
捨離大悲하니라

비여대해   이함중수   이득기명   종무유
譬如大海가 以含衆水로 而得其名이라 終無有

시   사리어수   보살마하살   역부여
時에 捨離於水인달하야 菩薩摩訶薩도 亦復如

시   이제대원   이득기명   종부잠사도
是하야 以諸大願으로 而得其名이라 終不暫捨度

중 생 원
衆生願하니라

비여군장   이능관습전투지법   이득기
譬如軍將이 以能慣習戰鬪之法으로 而得其

명   종무유시   사리차능   보살마하
名이라 終無有時에 捨離此能인달하야 菩薩摩訶

비유하면 큰 바다는 온갖 물을 머금음으로써 그 이름을 얻어서 마침내 어느 때나 물을 버리고 떠남이 없듯이, 보살마하살도 또한 다시 이와 같아서, 모든 큰 서원으로써 그 이름을 얻어서 마침내 잠시도 중생을 제도하려는 원을 버리지 않는다.

비유하면 장군은 능히 전투하는 법에 익숙함으로써 그 이름을 얻어서 마침내 어느 때나 이 능숙함을 버리고 떠남이 없듯이, 보살마하살도 또한 다시 이와 같아서, 이와 같은 삼매에 능히 익숙함으로써 그 이름을 얻어서 이에 일체지의 지혜를 성취함에 이르기까지 마침내

살   역부여시   이능관습여시삼매   이득
薩도 亦復如是하야 以能慣習如是三昧로 而得

기명   내지성취일체지지   종무유시   사
其名이라 乃至成就一切智智히 終無有時에 捨

리차행
離此行하니라

여전륜왕   어사천하   상근수호일체중생
如轉輪王이 馭四天下에 常勤守護一切衆生하야

영무횡사   항수쾌락   보살마하살
令無橫死하고 恒受快樂인달하야 菩薩摩訶薩도

역부여시   입여시등제대삼매   상근화도
亦復如是하야 入如是等諸大三昧에 常勤化度

일체중생   내지영기구경청정
一切衆生하야 乃至令其究竟淸淨하니라

비여종자   식지어지   내지능령경엽증
譬如種子를 植之於地에 乃至能令莖葉增

이 행을 버리고 떠날 때가 없다.

마치 전륜왕은 사천하를 통치함에 항상 일체 중생을 부지런히 수호하여 횡사함이 없고 항상 쾌락을 받게 하듯이, 보살마하살도 또한 다시 이와 같아서, 이와 같은 등의 모든 큰 삼매에 들어서 일체 중생을 항상 부지런히 교화하여 내지 그들을 구경에 청정하게 한다.

비유하면 씨앗을 땅에 심으면 내지 능히 줄기와 잎을 자라나게 하듯이, 보살마하살도 또한 다시 이와 같아서, 보현의 행을 닦아서 내지 능히 일체 중생으로 하여금 선법이 증장하게 한다.

장　　　　보살마하살　　역부여시　　　수보현
長 인달하야 菩薩摩訶薩도 亦復如是하야 修普賢

행　　　내지능령일체중생　　선법증장
行하야 乃至能令一切衆生으로 善法增長하니라

비여대운　　어하서월　　강주대우　　　내지증
譬如大雲이 於夏暑月에 降霔大雨하야 乃至增

장일체종자　　　　보살마하살　　역부여시
長一切種子인달하야 菩薩摩訶薩도 亦復如是하야

입여시등제대삼매　　수보살행　　　우대법
入如是等諸大三昧에 修菩薩行하야 雨大法

우　　　내지능령일체중생　　구경청정　　　구
雨하야 乃至能令一切衆生으로 究竟淸淨하며 究

경열반　　구경안은　　　구경피안　　　구경환
竟涅槃하며 究竟安隱하며 究竟彼岸하며 究竟歡

희　　구경단의　　위제중생　구경복전
喜하며 究竟斷疑하며 爲諸衆生의 究竟福田하니라

비유하면 큰 구름이 더운 여름에 큰 비를 내려서 내지 일체 종자를 자라나게 하듯이, 보살마하살도 또한 다시 이와 같아서, 이와 같은 등의 모든 큰 삼매에 들어서 보살의 행을 닦고 큰 법의 비를 내려서, 내지 능히 일체 중생으로 하여금 구경에 청정하며, 구경에 열반하며, 구경에 안온하며, 구경에 피안에 이르며, 구경에 환희하며, 구경에 의심을 끊게 하며, 모든 중생들의 구경의 복밭이 된다.

그들로 하여금 보시하는 업이 다 청정을 얻게 하며, 그들이 다 물러나지 않는 도에 머무르게 하며, 그들이 함께 일체지의 지혜를 얻

영기시업　　　개득청정　　　영기개주불퇴전
令其施業으로　皆得淸淨하며　令其皆住不退轉

도　　　영기동득일체지지　　　영기개득출리
道하며　令其同得一切智智하며　令其皆得出離

삼계　　　영기개득구경지지　　　영기개득제
三界하며　令其皆得究竟之智하며　令其皆得諸

불여래구경지법　　　치제중생일체지처
佛如來究竟之法하며　置諸衆生一切智處니라

하이고　　　보살마하살　　　성취차법　　　지혜명
何以故오　菩薩摩訶薩이　成就此法에　智慧明

료　　　입법계문　　　능정보살불가사의무량
了하야　入法界門하야　能淨菩薩不可思議無量

제행
諸行하나니라

소위능정제지　　　구일체지고　　　능정중생
所謂能淨諸智하야　求一切智故며　能淨衆生하야

게 하며, 그들이 다 삼계에서 벗어남을 얻게 하며, 그들이 다 구경의 지혜를 얻게 하며, 그들이 다 모든 부처님 여래의 구경의 법을 얻게 하며, 모든 중생들을 일체지의 처소에 둔다.

무슨 까닭인가? 보살마하살이 이 법을 성취하면 지혜가 명료하여 법계의 문에 들어가서 보살의 불가사의하고 한량없는 모든 행을 능히 깨끗이 한다.

이른바 모든 지혜를 능히 깨끗이 하니 일체지를 구하는 까닭이며, 능히 중생들을 깨끗이 하니 조복시키는 까닭이며, 능히 국토를 깨끗이 하니 항상 회향하는 까닭이며, 능히 모든 법을

사조복고　　능정찰토　　상회향고　　능정제
使調伏故_며 能淨刹土_{하야} 常迴向故_며 能淨諸

법　　　보요지고
法_{하야} 普了知故_{니라}

능정무외　　무겁약고　　능정무애변　　　교
能淨無畏_{하야} 無怯弱故_며 能淨無礙辯_{하야} 巧

연설고　　능정다라니　　어일체법　　득자재
演說故_며 能淨陀羅尼_{하야} 於一切法_에 得自在

고　　능정친근행　　상견일체불흥세고
故_며 能淨親近行_{하야} 常見一切佛興世故_{니라}

불자　　보살마하살　　주차삼매　　득여시등
佛子_야 菩薩摩訶薩_이 住此三昧_에 得如是等

백천억나유타불가설불가설청정공덕
百千億那由他不可說不可說淸淨功德_{하나니}

깨끗이 하니 널리 분명하게 아는 까닭이다.

능히 두려움 없음을 깨끗이 하니 겁약함이 없는 까닭이며, 능히 걸림 없는 변재를 깨끗이 하니 교묘하게 연설하는 까닭이며, 능히 다라니를 깨끗이 하니 일체 법에 자재함을 얻는 까닭이며, 능히 친근하는 행을 깨끗이 하니 일체 부처님께서 세상에 출현하심을 항상 보는 까닭이다.

불자들이여, 보살마하살이 이 삼매에 머무르면 이와 같은 등 백천억 나유타 말할 수 없이 말할 수 없는 청정한 공덕을 얻으니, 이와

어 여시등삼매경계　득자재고　일체제
於如是等三昧境界에 得自在故며 一切諸

불　소가피고　자선근력지소류고　입지
佛의 所加被故며 自善根力之所流故며 入智

혜지대위력고　제선지식　인도력고
慧地大威力故며 諸善知識의 引導力故니라

최복일체제마력고　동분선근　순정력고
摧伏一切諸魔力故며 同分善根의 淳淨力故며

광대서원욕락력고　소종선근성취력고
廣大誓願欲樂力故며 所種善根成就力故며

초제세간무진지복무대력고
超諸世間無盡之福無對力故니라

불자　보살마하살　주차삼매　득십종법
佛子야 菩薩摩訶薩이 住此三昧에 得十種法이

동거래금일체제불
同去來今一切諸佛하나니라

같은 등 삼매의 경계에 자재함을 얻는 까닭이며, 일체 모든 부처님께서 가피하시는 바인 까닭이며, 자기 선근의 힘에서 흘러나오는 까닭이며, 지혜의 지위에 들어간 큰 위신력인 까닭이며, 모든 선지식의 인도하는 힘인 까닭이다.

일체 모든 마군을 꺾어 항복받는 힘인 까닭이며, 다 같은 선근의 순수하고 깨끗한 힘인 까닭이며, 광대한 서원과 욕락의 힘인 까닭이며, 심은 바 선근이 성취하는 힘인 까닭이며, 모든 세간을 초월한 다함없는 복에 상대가 없는 힘인 까닭이다.

불자들이여, 보살마하살이 이 삼매에 머무

하자　위십
何者가 爲十고

소위득제상호종종장엄　동어제불　능방
所謂得諸相好種種莊嚴이 同於諸佛하며 能放

청정대광명망　동어제불　신통변화　조
淸淨大光明網이 同於諸佛하며 神通變化로 調

복중생　동어제불　무변색신　청정원
伏衆生이 同於諸佛하며 無邊色身과 淸淨圓

음　동어제불
音이 同於諸佛하나라

수중생업　현정불국　동어제불　일체
隨衆生業하야 現淨佛國이 同於諸佛하며 一切

중생　소유어언　개능섭지　불망불실
衆生의 所有語言을 皆能攝持하야 不忘不失이

동어제불　무진변재　수중생심　이전
同於諸佛하며 無盡辯才로 隨衆生心하야 而轉

르면 열 가지 법을 얻어 과거와 미래와 현재의 일체 모든 부처님과 같게 된다.

무엇이 열인가?

이른바 모든 상호의 갖가지 장엄을 얻음이 모든 부처님과 같고, 능히 청정한 큰 광명 그물을 놓음이 모든 부처님과 같고, 신통 변화로 중생들을 조복함이 모든 부처님과 같고, 가없는 색신과 청정한 원음이 모든 부처님과 같다.

중생들의 업을 따라 청정한 불국토를 나타냄이 모든 부처님과 같고, 일체 중생에게 있는 언어를 모두 능히 거두어 지녀서 잊지 않고 잃

법륜　　영생지혜　　동어제불
法輪하야 令生智慧가 同於諸佛하니라

대사자후　　무소겁외　　이무량법　　개오
大師子吼가 無所怯畏하야 以無量法으로 開悟

군생　　동어제불　　어일념경　　이대신통
群生이 同於諸佛하며 於一念頃에 以大神通으로

보입삼세　　동어제불　　보능현시일체중생
普入三世가 同於諸佛하며 普能顯示一切衆生

제불장엄　　제불위력　　제불경계　　동어제
諸佛莊嚴과 諸佛威力과 諸佛境界가 同於諸

불
佛이니라

이시　　보안보살　　백보현보살언
爾時에 普眼菩薩이 白普賢菩薩言하시니라

지 않음이 모든 부처님과 같고, 다함이 없는 변재로 중생의 마음을 따라 법륜을 굴리어 지혜를 생기게 함이 모든 부처님과 같다.

큰 사자후로 겁내고 두려워하는 바 없이 한량없는 법으로 중생들을 깨우침이 모든 부처님과 같고, 잠깐 동안에 큰 신통으로 널리 삼세에 들어감이 모든 부처님과 같고, 일체 중생에게 모든 부처님의 장엄과 모든 부처님의 위신력과 모든 부처님의 경계를 널리 능히 나타내 보이는 것이 모든 부처님과 같다.”

그때에 보안 보살이 보현 보살에게 말하였다.

불자　차보살마하살　득여시법　　동제여
佛子야 此菩薩摩訶薩이 得如是法하야 同諸如

래　　하고　　불명불　　하고　　불명십력
來인댄 何故로 不名佛이며 何故로 不名十力이며

하고　　불명일체지
何故로 不名一切智니잇고

하고　　불명일체법중득보리자　　하고　　부득
何故로 不名一切法中得菩提者며 何故로 不得

명위보안　　　하고　　불명일체경중무애견
名爲普眼이며 何故로 不名一切境中無礙見

자　　하고　　불명각일체법　　　하고　　불명여
者며 何故로 不名覺一切法이며 何故로 不名與

삼세불　무이주자　　하고　　불명주실제
三世佛로 無二住者며 何故로 不名住實際

자
者니잇고

"불자시여, 이 보살마하살이 이와 같은 법을 얻어 모든 여래와 같다면 무슨 까닭으로 부처님이라고 이름하지 않으며, 무슨 까닭으로 십력이라고 이름하지 않으며, 무슨 까닭으로 일체지라고 이름하지 않습니까?

무슨 까닭으로 일체 법에서 보리를 얻은 자라고 이름하지 않으며, 무슨 까닭으로 넓은 눈이라고 이름하지 않으며, 무슨 까닭으로 일체 경계 가운데 걸림 없이 보는 자라고 이름하지 않으며, 무슨 까닭으로 일체 법을 깨달았다고 이름하지 않으며, 무슨 까닭으로 삼세 부처님과 더불어 둘이 없이 머무른 자라고 이름하지

하고　　수행보현행원　　유미휴식　　　　하고
何故로　修行普賢行願을　猶未休息이며　何故로

불능구경법계　　사보살도
不能究竟法界에　捨菩薩道니잇고

이시　　보현보살　　고보안보살언
爾時에　普賢菩薩이　告普眼菩薩言하시니라

선재　　불자　　여여소언　　　약차보살마하
善哉라　佛子야　如汝所言하야　若此菩薩摩訶

살　　동일체불　　이하의고　　불명위불　　내
薩이　同一切佛인댄　以何義故로　不名爲佛이며　乃

지불능사보살도
至不能捨菩薩道오

불자　　차보살마하살　　이능수습거래금세
佛子야　此菩薩摩訶薩이　已能修習去來今世

않으며, 무슨 까닭으로 실제에 머무른 자라고 이름하지 않습니까?

무슨 까닭으로 보현의 행원을 수행하여 오히려 아직도 쉬지 않으며, 무슨 까닭으로 능히 법계의 끝까지 보살도를 버리지 않습니까?"

그때에 보현 보살이 보안 보살에게 말하였다.

"훌륭합니다. 불자여, 그대가 말한 바와 같이, 만약 이 보살마하살이 일체 부처님과 같다면 무슨 뜻으로 부처님이라 이름하지 않으며, 내지 능히 보살도를 버리지 않는가?

불자여, 이 보살마하살이 이미 과거와 미래

일체보살종종행원　　입지경계　　즉명위
一切菩薩種種行願하야 入智境界일새 則名爲

불　어여래소　수보살행　　무유휴식
佛이요 於如來所에 修菩薩行하야 無有休息일새

설명보살
說名菩薩이니라

여래제력　개실이입　　즉명십력　　수성
如來諸力에 皆悉已入일새 則名十力이요 雖成

십력　　행보현행　　이무휴식　　설명보
十力이나 行普賢行하야 而無休息일새 說名菩

살
薩이니라

지일체법　　이능연설　　명일체지　수능
知一切法하야 而能演說일새 名一切智요 雖能

연설일체제법　　어일일법　선교사유
演說一切諸法이나 於一一法에 善巧思惟하야

와 현재 세상의 일체 보살의 갖가지 행원을 능히 닦아 익혀서 지혜의 경계에 들어갔으므로 곧 '부처님'이라 이름하고, 여래의 처소에서 보살의 행을 닦아서 쉬지 않으므로 보살이라 이름한다.

여래의 모든 힘에 모두 다 이미 들어갔으므로 곧 '십력'이라 이름하고, 비록 십력을 이루었으나 보현의 행을 행하여 쉬지 않으므로 보살이라 이름한다.

일체 법을 알아서 능히 연설하므로 '일체지'라 이름하고, 비록 능히 일체 모든 법을 연설하지만 낱낱 법을 잘 교묘하게 사유하여 아직

미상지식　설명보살
未嘗止息일새 說名菩薩이니라

지일체법　무유이상　시즉설명오일체
知一切法이 無有二相일새 是則說名悟一切

법　어이불이일체제법차별지도　선교관
法이요 於二不二一切諸法差別之道에 善巧觀

찰　전전증승　무유휴식　설명보살
察하야 展轉增勝하야 無有休息일새 說名菩薩이니라

이능명견보안경계　설명보안　수능증
已能明見普眼境界일새 說名普眼이요 雖能證

득보안경계　염념증장　미증휴식　설
得普眼境界나 念念增長하야 未曾休息일새 說

명보살
名菩薩이니라

어일체법　실능명조　이제암장　명무
於一切法에 悉能明照하야 離諸闇障일새 名無

일찍이 쉬지 않았으므로 보살이라 이름한다.

일체 법이 두 모양이 없음을 알므로 이것을 곧 '일체 법을 깨달았다.'라 이름하고, 둘이며 둘이 아닌 일체 모든 법의 차별한 도를 교묘하게 관찰하고 점점 더 수승하여 쉬지 않으므로 보살이라 이름한다.

이미 능히 넓은 눈의 경계를 밝게 보았으므로 '넓은 눈'이라 이름하고, 비록 능히 넓은 눈의 경계를 증득하였으나 생각생각에 증장하여 아직 일찍이 쉬지 않았으므로 보살이라 이름한다.

일체 법을 모두 능히 밝게 비추어 모든 어둠

애견   상근억념무애견자   설명보살
礙見이요 常勤憶念無礙見者일새 說名菩薩이니라

이득제불지혜지안   시즉설명각일체법
已得諸佛智慧之眼일새 是則說名覺一切法이요

관제여래정각지안   이불방일   설명보
觀諸如來正覺智眼하야 而不放逸일새 說名菩

살
薩이니라

주불소주   여불무이   설명여불무이주
住佛所住하야 與佛無二일새 說名與佛無二住

자   위불섭수   수제지혜   설명보살
者요 爲佛攝受하야 修諸智慧일새 說名菩薩이니라

상관일체세간실제   시즉설명주실제자
常觀一切世間實際일새 是則說名住實際者요

수상관찰제법실제   이부증입   역불사
雖常觀察諸法實際나 而不證入하고 亦不捨

의 장애를 떠났으므로 '걸림 없이 보는 이'라 이름하고, 걸림 없이 보는 자를 항상 부지런히 생각하므로 보살이라 이름한다.

이미 모든 부처님 지혜의 눈을 얻었으므로 이것을 곧 '일체 법을 깨달았다.'라 이름하고, 모든 여래의 바른 깨달음의 지혜 눈을 관찰하여 방일하지 않으므로 보살이라 이름한다.

부처님께서 머무르시는 데 머물러 부처님과 더불어 둘이 아니므로 '부처님과 둘이 없이 머무른 자'라 이름하고, 부처님의 거두어주심이 되어 모든 지혜를 닦으므로 보살이라 이름한다.

리　　설명보살
離_{일새} 說名菩薩_{이니라}

불래불거　　무동무이　　차등분별　　실개
不來不去_{하고} 無同無異_{하야} 此等分別_을 悉皆

영식　　시즉설명휴식원자　　광대수습
永息_{일새} 是則說名休息願者_요 廣大修習_{하야}

원만불퇴　　즉명미식보현원자
圓滿不退_{일새} 則名未息普賢願者_{니라}

요지법계　　무유변제　　일체제법　　일상무
了知法界_의 無有邊際_와 一切諸法_의 一相無

상　　시즉설명구경법계　　사보살도　　수지
相_{일새} 是則說名究竟法界_에 捨菩薩道_요 雖知

법계무유변제　　이지일체종종이상　　기대
法界無有邊際_나 而知一切種種異相_{하야} 起大

비심　　도제중생　　진미래제　　무유피
悲心_{하야} 度諸衆生_{호대} 盡未來際_{토록} 無有疲

일체 세간의 실제를 항상 관찰하므로 이것을 곧 '실제에 머무른 자'라 이름하고, 비록 모든 법의 실제를 항상 관찰하나 증득하여 들어가지 아니하고 또한 버리고 여의지도 않으므로 보살이라 이름한다.

오지도 않고 가지도 않으며 같음도 없고 다름도 없어서 이와 같은 분별을 모두 다 길이 쉬었으므로 이것을 곧 '서원을 쉰 자'라 이름하고, 광대하게 닦아 익혀서 원만하고 물러나지 아니하므로 '보현의 원을 아직 쉬지 않은 자'라 이름한다.

법계는 끝이 없음과 일체 모든 법이 한 모양

염　　　시즉설명보현보살
厭일새 是則說名普賢菩薩이니라

불자　　비여이나발나상왕　　주금협산칠보
佛子야 譬如伊羅鉢那象王이 住金脅山七寶

굴중　　기굴주위　　실이칠보　　이위난순
窟中에 其窟周圍가 悉以七寶로 而爲欄楯하고

보다라수　　차제항렬　　진금라망　　미부
寶多羅樹가 次第行列하며 眞金羅網으로 彌覆

기상　　상신결백　　유여가설　　상립금
其上하며 象身潔白이 猶如珂雪이어든 上立金

당　　금위영락　　보망부비　　보령수하
幢하야 金爲瓔珞하며 寶網覆鼻하고 寶鈴垂下하며

칠지성취　　육아구족　　단정충만　　견자
七肢成就하고 六牙具足하며 端正充滿하야 見者

이며 모양 없음을 밝게 알았으므로 이것을 곧 '법계의 끝까지 보살의 도를 버렸다.'라 이름하고, 비록 법계가 끝이 없음을 알지만 그러나 일체 갖가지 다른 모양을 알아서 대비의 마음을 일으켜 모든 중생들을 제도하되 오는 세월이 끝나도록 피로해하거나 싫어하지 않으므로 이것을 곧 '보현 보살'이라 이름한다.

불자여, 비유하면 이나발나 코끼리왕이 금협산 칠보굴 속에 머무르는데, 그 굴의 주위가 모두 칠보로 난간이 되고, 보배 다라나무가 차례로 줄지었으며, 진금 그물로 그 위를 두루

혼락　　조량선순　　심무소역
欣樂하며 調良善順하야 心無所逆이니라

약천제석　　장욕유행　　이시상왕　　즉지
若天帝釋이 將欲遊行하면 爾時象王이 即知

기의　　변어보굴　　이몰기형　　지도리천
其意하고 便於寶窟에 而沒其形하야 至忉利天

석주지전　　이신통력　　종종변현　　영
釋主之前하야 以神通力으로 種種變現하야 令

기신　　유삼십삼두　　어일일두　화작칠아
其身으로 有三十三頭하며 於一一頭에 化作七牙하며

어일일아　　화작칠지　　일일지중　　유칠
於一一牙에 化作七池하며 一一池中에 有七

연화　　일일화중　　유칠채녀　　일시구주
蓮華하며 一一華中에 有七采女하야 一時俱奏

백천천악
百千天樂이니라

덮었고, 코끼리 몸의 깨끗함이 마치 흰 눈과 같다. 위에 금당기를 세웠는데 금으로 영락이 되었고 보배 그물로 코를 덮고 보배 방울을 드리웠으며, 일곱 기둥이 성취되고 여섯 어금니가 구족하며 단정하고 원만하여, 보는 자가 기뻐하고 즐거워하며, 길이 잘 들여져 온순하여 마음에 거스르는 바가 없다.

만약 제석천왕이 장차 나들이 가려 하면 그때에 코끼리왕은 곧 그 뜻을 알고 곧 보배굴에서 그 형상을 감추고 도리천의 제석천주 앞에 이르러 신통력으로써 갖가지로 변하여 나타난다. 그 몸에 서른 셋의 머리가 있고, 낱낱

시시제석　　승자보상　　종난승전　　　왕예
是時帝釋이 乘茲寶象하고 從難勝殿으로 往詣

화원　　분다리화　　변만기중　　　시시제석
華園에 芬陀利華가 徧滿其中이라 是時帝釋이

지화원이　　종상이하　　　입어일체보장엄
至華園已에 從象而下하야 入於一切寶莊嚴

전　　　무량채녀　　이위시종　　가영기악
殿하야 無量采女로 以爲侍從하고 歌詠妓樂으로

수제쾌락
受諸快樂이러라

이시상왕　　부이신통　　은기상형　　　현작
爾時象王이 復以神通으로 隱其象形하고 現作

천신　　여삼십삼천　　급제채녀　　어분다리
天身하야 與三十三天과 及諸采女로 於芬陀利

화원지내　　환오희락　　소현신상　　광명의
華園之內에 歡娛戲樂하니 所現身相과 光明衣

머리에 일곱 어금니를 변화해 만들며, 낱낱 어
금니에 일곱 못을 변화해 만들며, 낱낱 못 가
운데 일곱 연꽃이 있으며, 낱낱 연꽃에는 일
곱 채녀가 있어 일시에 백천 가지 하늘 음악을
함께 연주한다.

이때에 제석천왕은 이 보배코끼리를 타고 난
승전에서부터 꽃동산에 나아가면 흰 연꽃이
그 가운데 두루 가득하며, 이때에 제석천왕이
꽃동산에 이르러서는 코끼리에서 내려 일체
보장엄전에 들어가 한량없는 채녀로 시종을
삼고 노래와 기악으로 모든 쾌락을 받았다.

그때에 코끼리왕이 다시 신통으로 그 코끼리

복　　왕래진지　　어소관첨　　개여피천　　　등
服과　往來進止와　語笑觀瞻이　皆如彼天하야　等

무유이　　무능분별차상차천　　　상지여천
無有異라　無能分別此象此天하야　象之與天이

갱호상사
更互相似하니라

불자　　피이나발나상왕　　　어금협산칠보굴
佛子야　彼伊羅鉢那象王이　於金脅山七寶窟

중　　무소변화　　　지어삼십삼천지상　　　위
中에　無所變化하고　至於三十三天之上하야　爲

욕공양석제환인　　　화작종종제가락물
欲供養釋提桓因하야　化作種種諸可樂物하야

수천쾌락　　여천무이
受天快樂이　與天無異인달하니라

불자　　보살마하살　　역부여시　　　수습보현
佛子야　菩薩摩訶薩도　亦復如是하야　修習普賢

형상을 숨기고 천신의 몸이 되어 나타나, 삼

십삼천과 그리고 모든 채녀들과 더불어 흰 연

꽃이 만발한 동산에서 즐겁게 노는데, 나타난

바 몸매와 광명과 의복과, 오고 가고 나아가고

멈추고, 말하고 웃고 바라보는 것이 모두 저

천신들과 같아서 평등하여 다름이 없다. 이것

이 코끼리인지 이것이 천신인지 분별할 수 없

을 만큼 코끼리와 천신들이 서로 비슷하였다.

불자여, 그 이나발나 코끼리왕이 금협산의

칠보굴 속에서는 변화하는 것이 없지만, 삼십

삼천의 위에 이르러서 석제환인에게 공양올리

려고 갖가지 모든 즐거운 물건들을 변화하여

보살행원 급제삼매 이위중보장엄지구
菩薩行願과 及諸三昧로 以爲衆寶莊嚴之具하며

칠보리분 위보살신 소방광명 이지
七菩提分으로 爲菩薩身하며 所放光明으로 以之

위망
爲網하니라

건대법당 명대법종 대비위굴 견고
建大法幢하며 鳴大法鐘하며 大悲爲窟하며 堅固

대원 이위기아 지혜무외 유여사자
大願으로 以爲其牙하며 智慧無畏가 猶如師子하며

법증계정 개시비밀 도제보살행원피
法繒繫頂하야 開示祕密하며 到諸菩薩行願彼

안
岸하니라

위욕안처보리지좌 성일체지 득최정
爲欲安處菩提之座하야 成一切智하야 得最正

만들어 천신의 쾌락을 받음이 천신들과 더불어 다름이 없음과 같다.

불자여, 보살마하살도 또한 다시 이와 같아서, 보현 보살의 행원과 모든 삼매를 닦아 익히는 것으로 온갖 보배의 장엄거리를 삼고 일곱 보리분법으로 보살의 몸을 삼으며, 놓은 바 광명으로 그물을 삼는다.

큰 법의 깃대를 세우고 큰 법의 종을 울리며, 대비로 굴을 삼고 견고한 큰 서원으로 그 어금니를 삼으며, 지혜와 두려움 없음이 마치 사자와 같고 법의 비단을 정수리에 매고 비밀을 열어 보이며, 모든 보살들의 행원의 피안에 이른다.

각　　증장보현광대행원　　불퇴불식　　부
覺하며 增長普賢廣大行願하야 不退不息하고 不

단불사　　대비정진　　진미래제　　도탈일
斷不捨하며 大悲精進하야 盡未來際토록 度脫一

체고뇌중생
切苦惱衆生하나라

불사보현도　　현성최정각　　현불가설불
不捨普賢道하고 現成最正覺하며 現不可說不

가설성정각문　　현불가설불가설전법륜
可說成正覺門하며 現不可說不可說轉法輪

문　　현불가설불가설주심심문
門하며 現不可說不可說住深心門하나라

어불가설불가설광대국토　　현열반변화문
於不可說不可說廣大國土에 現涅槃變化門하며

어불가설불가설차별세계　　이현수생　　수
於不可說不可說差別世界에 而現受生하야 修

보리의 자리에 편안히 앉아서 일체지를 이루고 가장 바른 깨달음을 얻기 위하여, 보현의 광대한 행원을 증장하여 물러나지 않고, 쉬지 않고 끊지 않고 버리지 않으며, 대비로 정진하여 오는 세월이 끝나도록 일체 고뇌의 중생들을 제도하여 해탈시킨다.

보현의 도를 버리지 않고 가장 바른 깨달음을 이룸을 나타내며, 말할 수 없이 말할 수 없는 정각을 이루는 문을 나타내며, 말할 수 없이 말할 수 없는 법륜을 굴리는 문을 나타내며, 말할 수 없이 말할 수 없는 깊은 마음에 머무르는 문을 나타낸다.

보현행   현불가설불가설여래   어불가설
普賢行하며 現不可說不可說如來가 於不可說

불가설광대국토보리수하   성최정각
不可說廣大國土菩提樹下에 成最正覺이어든

불가설불가설보살중   친근위요
不可說不可說菩薩衆이 親近圍遶하니라

혹어일념경   수보현행   이성정각   혹
或於一念頃에 修普賢行하야 而成正覺하며 或

수유경   혹어일시   혹어일일   혹어반월
須臾頃과 或於一時와 或於一日과 或於半月과

혹어일월   혹어일년   혹무수년   혹어일
或於一月과 或於一年과 或無數年과 或於一

겁   여시내지불가설불가설겁   수보현행
劫과 如是乃至不可說不可說劫에 修普賢行하야

이성정각
而成正覺하니라

말할 수 없이 말할 수 없는 광대한 국토에서 열반의 변화하는 문을 나타내며, 말할 수 없이 말할 수 없는 차별한 세계에 태어나서 보현의 행을 닦음을 나타내며, 말할 수 없이 말할 수 없는 여래가 말할 수 없이 말할 수 없는 광대한 국토의 보리수 아래에서 가장 바른 깨달음을 이루며, 말할 수 없이 말할 수 없는 보살 대중들이 친근하고 둘러싸 있음을 나타낸다.

혹 한 생각 사이에 보현의 행을 닦아 바른 깨달음을 이룬다. 혹은 잠깐 사이와 혹은 한 시간과 혹은 하루와 혹은 반 달과 혹은 한 달과 혹은 일 년과 혹은 수없는 해와 혹은 한 겁과

부어일체제불찰중　　이위상수　　친근어
復於一切諸佛刹中에 而爲上首하야 親近於

불　　정례공양　　청문관찰여환경계　　정
佛하야 頂禮供養하고 請問觀察如幻境界하야 淨

수보살　무량제행　무량제지　종종신변
修菩薩의 無量諸行과 無量諸智와 種種神變과

종종위덕　종종지혜　종종경계　종종신
種種威德과 種種智慧와 種種境界와 種種神

통　종종자재　종종해탈　종종법명　종종
通과 種種自在와 種種解脫과 種種法明과 種種

교화조복지법
敎化調伏之法이니라

불자　보살마하살　본신불멸　이행원
佛子야 菩薩摩訶薩이 本身不滅하고 以行願

이와 같이 내지 말할 수 없이 말할 수 없는 겁
에 보현의 행을 닦아서 바른 깨달음을 이룬다.

다시 일체 모든 부처님 세계에서 상수가 되어
부처님을 친근하고 예배하고 공양올리며, 환과
같은 경계를 묻고 관찰하여 보살의 한량없는
모든 행과, 한량없는 모든 지혜와, 갖가지 신
통 변화와, 갖가지 위덕과, 갖가지 지혜와, 갖
가지 경계와, 갖가지 신통과, 갖가지 자재함과,
갖가지 해탈과, 갖가지 법의 밝음과, 갖가지로
교화하고 조복하는 법을 청정하게 닦는다.

불자여, 보살마하살이 본래의 몸은 없어지지

력   어 일 체 처   여 시 변 현
力으로 於一切處에 如是變現하나니라

하 이 고
何以故오

욕 이 보 현 자 재 신 력   조 복 일 체 제 중 생 고
欲以普賢自在神力으로 調伏一切諸衆生故며

영 불 가 설 불 가 설 중 생   득 청 정 고   영 기 영
令不可說不可說衆生으로 得淸淨故며 令其永

단 생 사 륜 고   엄 정 광 대 제 세 계 고   상 견 일
斷生死輪故며 嚴淨廣大諸世界故며 常見一

체 제 여 래 고
切諸如來故니라

심 입 일 체 불 법 류 고   억 념 삼 세 제 불 종 고
深入一切佛法流故며 憶念三世諸佛種故며

억 념 시 방 일 체 불 법   급 법 신 고   보 수 일 체
憶念十方一切佛法과 及法身故며 普修一切

아니하고, 행원의 힘으로 일체 처소에서 이와 같이 변화하여 나타난다.

무슨 까닭인가?

보현의 자재한 위신력으로 일체 모든 중생들을 조복하려는 까닭이며, 말할 수 없이 말할 수 없는 중생들로 하여금 청정함을 얻게 하려는 까닭이며, 그들로 하여금 생사에서 윤회함을 영원히 끊게 하려는 까닭이며, 광대한 모든 세계를 깨끗이 장엄하려는 까닭이며, 일체 모든 여래를 항상 친견하려는 까닭이다.

일체 부처님 법의 흐름에 깊이 들어가려는 까닭이며, 삼세의 모든 부처님 종성을 생각하

보살 제 행　　사 원 만 고　　입 보 현 류　　자 재
菩薩諸行하야 使圓滿故며 入普賢流하야 自在

능 증 일 체 지 고
能證一切智故니라

불 자　　여 응 관 차 보 살 마 하 살　　불 사 보 현 행
佛子야 汝應觀此菩薩摩訶薩의 不捨普賢行하며

부 단 보 살 도　　견 일 체 불　　증 일 체 지　　자
不斷菩薩道하고 見一切佛하며 證一切智하야 自

재 수 용 일 체 지 법
在受用一切智法하라

여 이 나 발 나 상 왕　　불 사 상 신　　왕 삼 십 삼
如伊羅鉢那象王이 不捨象身하고 往三十三

천　　위 천 소 승　　수 천 쾌 락　　작 천 유 희
天하야 爲天所乘하며 受天快樂하며 作天遊戲하야

승 사 천 주　　여 천 채 녀　　이 작 환 오　　동 어 제
承事天主하고 與天采女로 而作歡娛호대 同於諸

려는 까닭이며, 시방의 일체 부처님 법과 법신

을 생각하려는 까닭이며, 일체 보살의 모든 행

을 널리 닦아서 원만하게 하려는 까닭이며, 보

현의 흐름에 들어가서 자재하게 일체지를 능

히 증득하려는 까닭이다.

불자여, 그대는 응당 이 보살마하살이 보현의

행을 버리지 않으며, 보살의 도를 끊지 않고, 일

체 부처님을 친견하며, 일체지를 증득하고, 일

체지의 법을 자재하게 수용하는 것을 관찰하라.

마치 이나발나 코끼리왕이 코끼리의 몸을 버

리지 않고 삼십삼천에 가서 천신들을 태우고,

천신들의 즐거움을 받고, 천신들의 유희를 지

천　　무유차별
天하야 無有差別인달하니라

불자　보살마하살　역부여시　불사보현
佛子야 菩薩摩訶薩도 亦復如是하야 不捨普賢

대승제행　불퇴제원　득불자재　구일
大乘諸行하며 不退諸願하고 得佛自在하야 具一

체지　증불해탈　무장무애　성취청
切智하며 證佛解脫하야 無障無礙하며 成就清

정　어제국토　무소염착　어불법중
淨하야 於諸國土에 無所染著하고 於佛法中에

무소분별
無所分別하니라

수지제법　보개평등　무유이상　이항
雖知諸法이 普皆平等하야 無有二相이나 而恒

명견일체불토　수이등동삼세제불　이
明見一切佛土하며 雖已等同三世諸佛이나 而

어, 천주를 받들어 섬기면서 하늘 채녀들과 더불어 즐기되 모든 천신들과 동등하여 차별이 없는 것과 같다.

불자여, 보살마하살도 또한 다시 이와 같아서, 보현 대승의 모든 행을 버리지 않으며, 모든 서원에서 물러나지 않고, 부처님의 자재함을 얻어서 일체지를 갖추며, 부처님의 해탈을 증득하여 막힘도 없고 걸림도 없으며, 청정함을 성취하여 모든 국토에 물들어 집착하는 바도 없고, 부처님 법에 분별하는 바도 없다.

비록 모든 법이 널리 다 평등하여 두 모양이 없음을 알지만 항상 일체 부처님 국토를 분명

수보살행　　상속부단
修菩薩行하야 相續不斷하나니라

불자　　보살마하살　　안주여시보현행원광
佛子야 菩薩摩訶薩이 安住如是普賢行願廣

대지법　　당지시인　　심득청정
大之法하면 當知是人은 心得淸淨하리라

불자　　차시보살마하살　　제십무애륜대삼
佛子야 此是菩薩摩訶薩의 第十無礙輪大三

매수승심광대지
昧殊勝心廣大智니라

불자　　차시보살마하살　　소주보현행십대
佛子야 此是菩薩摩訶薩의 所住普賢行十大

삼매륜
三昧輪이니라

〈大方廣佛華嚴經 卷第四十三〉

히 보며, 비록 이미 삼세의 모든 부처님과 동등하지만 보살의 행을 닦아서 계속하여 끊지 않는다.

불자여, 보살마하살이 이와 같이 보현의 행원인 광대한 법에 편안히 머무르면, 이 사람은 마음이 청정해짐을 마땅히 알아야 한다.

불자여, 이것이 보살마하살의 열째 '걸림 없는 바퀴 큰 삼매의 수승한 마음과 광대한 지혜'이다.

불자여, 이것이 보살마하살이 머무르는 바 보현행의 열 가지 큰 삼매 바퀴이다."

〈대방광불화엄경 제43권〉

大方廣佛華嚴經

부록

•

대방광불화엄경 목차

•

간행사

대방광불화엄경
목차

간 행 사

귀의삼보 하옵고,

『대방광불화엄경』의 수지 독송과 유통을 발원하면서 수미정사 불전연구원에서 『독송본 한문·한글역 대방광불화엄경』과 『사경본 한글역 대방광불화엄경』을 편찬하여 간행하게 되었습니다.

『화엄경』은 우리나라에 전래된 이래 일찍부터 사경되고 주석·강설되어 왔으며 근현대에 이르러서는 『화엄경』의 한글 번역과 연구도 부쩍 많이 이루어졌습니다. 그만큼 『화엄경』이 우리 불자님들의 신행과 해탈에 큰 의지처가 되었던 것임을 알 수 있습니다.

『화엄경』을 독송하고 사경하는 공덕은 설법 공덕과 함께 크게 강조되어 왔습니다. 그리하여 수미정사 불전연구원에서도 『화엄경』(80권)을 독송하고 사경하는 데 도움이 되도록 한문 원문과 한글역을 함께 수록한 독송본과 한글역의 사경본 『화엄경』 간행불사를 발원하였습니다. 이 『화엄경』 간행불사에 뜻을 같이하여 적극 후원해주신 스님들과 재가 불자님들께 깊이 감사드립니다. 또한 『화엄경』을 수지 독송할 수 있도록 경책의 모습으로 장엄해 주신 편집위원들과 담앤북스 출판사 관계자들께도 고마움을 표합니다.

끝으로 이 불사의 원만 회향으로 『화엄경』이 널리 유통되고, 온 법계에 부처님의 가피가 충만하시길 기원드립니다.

나무 대방광불화엄경

불기 2564년 '부처님오신날'을 봉축하며
수미해주 합장

위태천신(동진보살)

수미해주 須彌海住

호거산 운문사에서 성관 스님을 은사로 출가, 석암 대화상을 계사로 사미니계 수계, 월하 전계사를 계사로 비구니계 수계, 계룡산 동학사 전문강원 졸업, 동국대학교 불교대학 및 동 대학원 졸업, 철학박사, 가산지관 대종사에게서 전강, 동국대학교 불교대학 교수, 동학승가대학 학장 및 화엄학림 학림장, 중앙승가대학교 법인이사 역임.
(현) 수미정사 주지, 동국대학교 명예교수.
저·역서로 『의상화엄사상사연구』, 『화엄의 세계』, 『정선 원효』, 『정선 화엄1』, 『정선 지눌』, 『법계도기총수록』, 『해주스님의 법성게 강설』 등 다수.

독송본 한문·한글역
대방광불화엄경 제43권

| 초판 1쇄 발행_ 2024년 4월 24일

| 엮은이_ 수미해주
| 엮은곳_ 수미정사 불전연구원
| 편집위원_ 해주 수정 경진 선초 정천 석도 박보람 최원섭
| 편집보_ 무이 무진 지욱 혜명

| 펴낸이_ 오세룡
| 펴낸곳_ 담앤북스
　　　　　서울특별시 종로구 새문안로3길 23 경희궁의 아침 4단지 805호
　　　　　대표전화 02)765-1251 전자우편 dhamenbooks@naver.com
　　　　　출판등록 제300-2011-115호
| ISBN_ 979-11-6201-453-0 04220

정가 15,000원